講談社選書メチエ

712

新しい哲学の教科書

現代実在論入門

岩内章太郎

MÉTIER

まえがき

二一世紀に入り、哲学は新たな局面を迎えている。いま、哲学は「人間」から離れて「実在」に向かう。現代哲学に現われているこの新しい動向、すなわち「人間以後」の世界を思弁する「ポスト・ヒューマニティーズ」の哲学は、思弁的実在論、オブジェクト指向存在論、多元的実在論、新しい唯物論、加速主義、アクターネットワーク理論、新しい実在論などを含み、さらには人類学、社会学、心理学、建築学、フェミニズム、文学の各領域とも連動しつつ、人文学のディスクールそのものを根本から転換しつつある。しかし、この動向をどう考えればよいだろうか。

本書の目的は二つある。

(1)現代哲学の舞台に登場した「実在論」に注目することで、「ポスト・ヒューマニティーズ」の哲学に一定の見通しを与えること。思弁的実在論、多元的実在論、新しい実在論の中心的な考えを可能なかぎり簡明に提示する。

(2)現代の実存感覚に光を当てることで、「実在論」の意義を「実存論」的に取り出すこと。したがって、本書が扱うのは「現代実存論」でもある。

時代の趨勢が実在論に傾くのには、それなりの哲学的理由があるが、現在、これほど実在論が歓迎されるのは、哲学上の立場を越えて、それが現代の実存感覚にこそ深く関係するからだ、と私は考えている。

大局的な見地で哲学の歴史を眺めるなら、現代実在論は二〇世紀後半から人文学を席巻したポストモダン思想を超克する試みだと言える。ポストモダン思想は徹底した相対主義によって、しばらくのあいだ西洋の思潮を先導してきた。そのポストモダン思想の相対主義的ラディカリズムに対抗するため、二一世紀になってフランス、イギリス、イタリア、ドイツ、アメリカ、カナダ、日本などで同時多発的に「実在論」のもとに哲学者が集結した。そこには、アラン・バディウ、チャールズ・テイラー、ヒューバート・ドレイファス、ウンベルト・エーコといった二〇世紀の哲学を牽引してきた著名な哲学者から、カンタン・メイヤスー、マルクス・ガブリエル、グレアム・ハーマンといった新世代の哲学者までが名を連ねている。日本でもその輸入と紹介が盛んに行なわれているのは周知のとおりだ。

相対主義に対抗するという点では、現代実在論は近代哲学と親和性を持つ。ポストモダン思想が嫌った「物自体」や「理性」の概念を、再び哲学に取り戻そうとしているのだ。しかしここで注意すべきは、それは単純にポストモダン思想以前の哲学に還ろうとしているわけではない、ということである。近代とは人間的自由が普遍的に解放された時代であること、さらには「ドイツ観念論」や「現象学」に代表される近代哲学の主流は「観念論」であることを思い起こせば、現代実在論は明らかに近代哲学とは相容れない側面も持っている。いやむしろ、そういう意味ではポストモダン思想にこそ近しい、とさえ言えるかもしれない。

したがって、近代哲学とポストモダン思想の延長線上にありながらも、それらとは異なるディスクールを起動するのが現代実在論だということになる。だからこそ、それはカント以後の哲学全体を批判の対象とする。つまり、近代哲学とポストモダン思想を包括的に乗り越えようとする試みなのである。

その主張の要諦はこうだ。カント以後の哲学はあまりに「人間中心主義」だった。カントが主張したのは、人間は人間自身の認識装置を通して世界を眺めている、ということである。逆に言えば、人間は人間自身の認識装置の外側から物自体を直接参照することはできない。つまり、〈私〉は〈私〉の目でしか世界を見ることができない。そうしていつのまにか、人間は人間の世界に閉じ込められたのではないか。物自体を思考することはほんとうにできないのだろうか……。この反ヒューマニズム的主張はハイデガーとフーコーによってすでに先取りされていたが、現代哲学は「実在論」という形でその先の地平を拓こうとしているのだ。

「人間以後」の世界は、人間が消滅した後の世界だけを意味するのではなく、人間が関与できない世界をも指示している。人間の思考が届かない場所を思考しようとすること――大きな矛盾をはらむこの冒険は、それでも私たちを惹きつける。それは現代社会に内在するねじれの感覚と深く共鳴するからかもしれない。あるいは、この世界の向こう側に憧れる私たちの欲望を呼び覚ますからなのだろうか。一切がテクノロジー的合理性によって計算されうるという現在の世界イメージに、単に相対主義的ではない（実在としての）「思考されえない領域」を対抗させるのだ。

伝統的に、哲学では「観念論」と「実在論」の対立がある。この対立には「認識論」（物の見方について考える哲学）と「存在論」（存在について考える哲学）という哲学の分野が大きく関係しているが、現代実在論をこの対立軸でのみ片付けてしまうのは、少し惜しい気がする。もちろん、それが「実在論」を標榜するからには、「観念論」批判の機能は備えているのだが、およそ存在するものは人間の認識から独立して存在する、ということだけを主張しているのなら、現代実在論はさして面白い哲学ではない。むしろ私たちの興味を引くのは、存在が人間の認識から独立的にあるという事態は、私たちの生きかたにどのようにかかわるのか、ということの方ではないだろうか。まさしくこの理由で、私は実在論を実存論の視座から読もうと考えている。

近代とポストモダンを調停しつつ前進する現代実在論は――哲学史的な観点から考えるなら――どのような動機に導かれ、どのくらいの思想的射程を持ちうるのか。そして、結局のところ、それの何が「新しい」のか。現代実在論は、「哲学の革命」なのか、それとも「先祖返り」なのか。

いずれにせよ、哲学は、その意義を評価することなしには先に進めない地点まで来ている。

新しい哲学の教科書◉目次

プロローグ　「何をしたいわけでもないが、何もしたくないわけでもない」

「異星人による福音」の思考実験

一つの思考実験から始めることにしたい。単なる空想と哲学的な思考実験の違いは、想像することに明確な目的があるかどうかだと私は考えている。そこで、まず思考実験の目的をはっきりさせておくことにしよう。

「異星人による福音」と名づけたこの思考実験のねらいは、簡単に言うと、私たちを形而上学的探究に向かわせる根本動機を明らかにすることにある。哲学の一分野である形而上学は、全体としての世界とは何かについて考え、万物の根本原因または究極の根拠を究明する。本書では、「原理的に有限である経験を超越して、思弁的に世界全体の究極の根拠に迫ろうとするのが形而上学である」と規定しておこう。

世界全体の究極の根拠を問うとき、形而上学は何をしようとしているのか。そして、何が人を形而上学へと駆り立てるのか。最初にこのことを考えてみたい。たとえば、世界への「驚き」や純粋な「知的好奇心」からも形而上学の探究は開始されるが、以下では、驚きや知的好奇心ではなく、「存在不安」に動機づけられた形而上学への道を辿ってみたい。

まず、人間存在のありかたについて考えてみよう。人間存在のありかた、とりわけ自らの意志でそのつど選択し決定していく、主体的存在としての〈私〉の存在のありかたを哲学では「実存」と呼ぶ。実存の構造について反省してみると、私たちの実存的関心は、つねに〈私〉に中心化されていることが分かる。ここには二つの意味がある。

(1)〈私〉が実存的視線の中心であり、世界の意味はつねに〈私〉に対して開示されるということ。
(2)実存とはそもそも自己への配慮のことであり、実存的関心の主な対象は〈私〉であるということ。

以下の考察にとっては後者の意味が重要になる。たとえば、次のような具合だ。何のために〈私〉は生きているのか？　なぜ〈私〉はこの〈私〉であって他の〈私〉ではないのか？　いつか死んですべて無に帰してしまうのに、死ぬまで必死に生きることにそもそも何の意味があるのか？——このような問いは、誰もが一度は悩んだことがあるはずだし、現在進行形で考えている人も少なくないだろう。

これらの素朴な疑問の根底には、自己の存在に対する不安が横たわっている。なぜ生まれたのかも、なぜ死ぬのかも分からないが、〈私〉はとにかくこの世界に生まれ落ちてしまったし、この一回限りの定めを引き受けるように迫られている。ここでの不安とは、日常生活における厄介事や人間関係の緊張によって感じる「生活内不安」ではなく、そもそもこの世界に〈私〉が存在してしまっていることに起因する「存在不安」を意味する。私の考えでは、存在不安の問題を論理的に追いつめると、「生命の連鎖」の謎にぶつかることになる。名前は忘れてしまったが実在する魚の話で考えてみよう。

とある魚は二年で成魚になる。成魚になったオスとメスの魚はつがいになって産卵する。メスは産卵で命を使い果たして死ぬ。オスは卵が無事孵化《ふか》するまで何も食べずに卵を守り続け、最後には死ぬ。メスとオスの命をかけた努力で孵化した稚魚は（そのほとんどが成魚になる過程で天敵に捕食されるが）二年後に成魚となり、また同じプロセスを繰り返して命をつないでいく。これは命の尊さと生命の不思議を示す格好の材料のように見える。だが、私はこの種の物語を見るたびに、いつもこう思ってしまうのだ。

「でも、何のために？」

生命の連鎖という点だけに鑑みると、魚と人間に大した違いはないはずだ。私の母と父の両親のそのまた両親のそのまた両親のそのまた……と私たちは生命の連鎖を無限に辿っていくことができる。だが、生命の連鎖全体を見渡しても、何のために生命の連鎖が開始され、どんな理由で継続されているのかについては知る術がない。どのように生命が誕生したのかについての有力な科学的仮説は存在しても、何の目的でそのようなことが起こり、どのような動機に導かれて親から子へと生命を繋いでいるのかを私たちは理解できないのだ（多くの場合、その分からなさを私たちは「本能」という言葉でごまかしてしまう）。そんなことは分からなくてよいのだろうか。分からないほうがよいのだろうか。いずれにしても、「存在不安」から「生命の連鎖」への飛躍を理解することが、形而上学を理解するうえでは肝要なのである。

自己自身の存在理由を問うことは、生命一般の存在理由を問うことへと拡張することができる。ここで注目したいのは、そのときに問いが全体化していることだ。カントが『純粋理性批判』で示したように、ある全体性に向かって無限に推論を続けられるのが理性に備わった能力であり、自分だけでなくすべてには例外なく終わりがあることを理性は洞察する。理性的推論の際限のなさは、一切の経験を超越した形而上学に人を向かわせるだろう。理性は、〈私〉の存在不安から生命一般の存在へ、そして最終的には生命一般の存在に対する懐疑から世界全体の存在に対する懐疑へと思考を飛躍させるのだ。この飛躍の本質が実は論点のすりかえだったとしても、あるいは生命の連鎖はそもそも偶有的事実であって、そこにいかなる謎も存在しないとしても、理性はしばしば個人的で具体的な存在不安を、普遍的で抽象的な世界全体の存在の問いへと昇華させてきた（あるいは論点をすりかえてきた）ということである。ともあれ、続いて次のような場面を想像してみてほしい。「異星人による福音」の思考実験だ。

ある日、遠い惑星から異星人がやってきて、人類に「生命の連鎖」の真の目的を告げる。

「人類の遠い祖先は、われわれの惑星の囚人だった。生とはいつか犯した罪への罰なのだ。あなたたち人類は試されている。われわれはあなたたちが生の無意味さにどこまで耐えられるのかを見ているのだ。もし人類が生命の連鎖をこれから三〇〇世代繋ぐことができたら、人類の子孫は故郷であるわれわれの惑星に還ることができると約束しよう」。

これは異星人からもたらされた福音だった。それを聞いたある哲学者はこう言った。

「なんということだ。これで哲学は終わりだ。存在の真の意味がついに人類に開示されたのだから」。人類は「異星人による福音」を来たるべき未来への希望として伝承し、幾世代にもわたって生の無意味さに耐え続けたが、ついにその日はやってきた。生物学者と人類学者の研究グループの試算によれば、次の世代で人類は三〇〇世代目になる。あの福音が正しいなら、人類は故郷に還ることができる。未来の哲学者は叫ぶだろう。

「ついにやったぞ。ついにやったんだ。存在それ自体への問いは、これですべて解決した。さよなら、神話。さよなら、宗教。さよなら、哲学！　これから、永遠に！」

こうして人類の子孫は許され、故郷の星に還っていった。驚くべきことに、その惑星には肉体というものがなかった。性も国境も家族も、そして死もなかった。だから、もちろん暴力もなかった。精神的存在になった人類は、これから永遠に生き続ける。ところがそのとき、人類の子孫の一人がこう言う。

「でも、何のために？」

ふりだしに戻った人類は遠い昔に書かれた哲学書の一節の意味を知ることになる。

なぜ一体、存在者があるのか、そして、むしろ無があるのではないのか？　これがその問いである。この問いが決してありきたりの問いではないということは推察できる。「なぜ一体、存在者があるのか、そして、むしろ無があるのではないのか？」——これは明らかにすべての問いの中で第一の問いである。（ハイデガー　一九九四、一一頁）

この思考実験は私たちに次のことを教えてくれる。まず、人類を超越した存在であるメタ‐存在者（異星人）が、人類の生の意味を上から規定するという事態がありうるということ。そして、メタ‐存在者が生命の連鎖の始まりと終わりについて首尾一貫した説明を提示するという事態もありうるということ。だが、人類の子孫の一人が最後に呟いたように、理性はさらに問うことができる――では、メタ‐存在者の存在とは一体何なのか、と。そうして、メタ‐存在者を超越した存在であるメタ‐メタ‐存在者が現われ、メタ‐存在者の存在の意味を上から規定するとしよう。それでも、理性はさらに問うことができるだろう。では、メタ‐メタ‐存在者の存在とは一体何なのか、と。この推論のプロセスは無限に続き、結局は無限遡行に陥る。

だからこそ、神話、宗教、形而上学は、それ以上遡れない一切の根拠の根拠、つまり究極の根拠を措定することになるだろう。何か他の目的のために存在するのではなく、それ自身がそれ自身のために存在する自己目的的な存在者、すなわち「神」か「超越的なもの」を作り上げるのだ。そうして、理性の無限遡行は、最終的には神の存在によって止められることになる。神話の多くが、神々の生誕の物語から始まるのはそのためだ。私たちは神話のうちに神々の存在の根拠を求めることはできない。神は何の理由もなくただ誕生する（あるいは、最初からただそこに存在する）が、最高存在者である神はそれでよいのである。

こうして〈私〉の存在不安は全体化して世界それ自体への問いに向かうが、どんな手段を尽くしても、私たちが存在についての絶対的根拠を手にすることはできないことが分かるはずだ。もちろん、すでに述べたように、私はあらゆる形而上学の根底に存在不安があると言いたいわけではないし、むしろ、存在を前にした驚きや知的好奇心から形而上学が出発することを認める。さらに言えば、形而上学的な問題を考えることに哲学の使命があるとも考えていない。ここで理解してほしいのは、私たちには決して論理的に答えることができない問いがあるということだ。宇宙全体がある物理法則で貫かれていることまでは理解できても、なぜ宇宙全体がそのような物理法則で貫かれているのかを知ることはできない。全体性の認識を目指す理性は人を形而上学的探究へと駆り立てるが、そもそもその探究には初めから限界が存在しているのだ。

高さと広さ――神の役割について

人間にとっての神の意味を詳細に語るための準備は私にはない。以下では、二つのことだけを簡単に取り出してみたい。神の「高さ」（超越性）と「広さ」（普遍性）である。あらかじめ述べておくと、私たちは高さと広さをすでに失っている。そして、現代実在論はその二つを回復する運動として――または高さと広さとは別様に生きる可能性として――読み解くことができる、というのが本書の中心的なテーゼである。だが、もちろん現代実在論は単純に昔ながらの神を復活させようとしているわけではない、という点だけは注意しておきたい。

まず、神の「高さ」について。神は人間存在を絶対的に超越して高みに存在する。だからこそ、人間は神を崇《あが》め畏れてきたのであり、神の怒りを鎮めるために時には生け贄を捧げたりもしてきた。自らの罪深さや生の不条理を神に告白したり、世界に神の善意がもたらされることを祈ったりできるのも、神が高みに存在するからである。もし神が人間と同程度の存在なら、神の言葉と政治家の言葉に大した違いはないことになり、神の言葉は地上に堕ちてしまう。高さの次元、すなわち「超越性」が神の存在にとっては不可欠なのだ。

神に限らず、一般に超越性が有する「高さ」は人間の実存にとって二つの意味を持つ。一つは、高みからの存在不安の打ち消し。神は天上から私たちの存在に意味と価値を与える。神は存在の謎（なぜ人間は世界に存在するのか）を解明し、神の善意を信じることで、それぞれの〈私〉は自らの存在不安から救われる。高みにいるからこそ神は〈私〉の存在を支えることができるのだ。

もう一つは、高さへの憧れ。プラトンは、現象し変転するこの世界の向こう側に存在する「イデア」（とりわけ美のイデア）に憧れる人間の情緒を鮮やかに描いてみせたが、まさしくプラトンは憧れの本質に迫っている。憧れの対象はつねに〈私〉とは非対称の関係にあるのだ。私たちは年下の後輩に憧れるのではなく、ふつうは年上の先輩に憧れる。生まれ育った町に（それを懐かしむことはあっても）憧れることはないが、異国の都市に憧れの気持ちを抱くことはある。一般に、憧れの対象は私たちの日常性から離れた高い場所に存在している。欲望の対象がロマン化されて超越的理想になる場合、私たちはその高さへの希求を「憧れ」と呼ぶのである。憧れの対象は、特別な対象であり、遠くにあって（まだ）自分には届かないが、手を伸ばして触れてみたいものとして現われる。私たちは、日常性の向こう側に素敵な何かを予感し、それに誘惑されるのだ。したがって、こう言うことができる。高さを失うことは憧れを失うことである、と。

次に、神の「広さ」について。神の存在は普遍的である。それは、神はいつどこの誰にとっても存在するということだ。そうは言っても、現代に生きる私たちは、世界には複数の神々が存在することを知っているし、神の存在が普遍的だと言われても納得できないだろう。神の存在を信じない人も多い。

しかし、いずれにしても、神が信じられていた時代にあっては、神は普遍的でなければならなかった。あるいはこう言ってもよいかもしれない。特定の神々が信仰される共同体の内部では、神々は絶対的で普遍的な存在者として君臨していたし、その広さによって共同体の秩序を維持することに貢献してきたのだ、と。

社会学者のデュルケムが提示したように、宗教的力の根源の一つは社会である（デュルケム 一九七五）。デュルケムによれば、あらゆる宗教上の制度や儀礼は、社会秩序の維持や社会における道徳力の形成を軸にして考えられなければならない。宗教は社会における普遍的理想を形成する役割を担っており、そのような理想（超越的で神聖な力）があるからこそ、社会は自らを周期的に再創造できるのだ（たとえば、古代社会では周期的に王を殺すことが、共同体の新陳代謝のために不可欠と考えられた）。したがって、広さを失うことは善悪の普遍的根拠を失うことなのである。

神は「高さ」と「広さ」によって人間の生の意味と社会の秩序を保ってきた。高さとしての超越性は、存在不安を打ち消すと同時に超越的なものへの憧れを喚起し、広さとしての普遍性は社会の秩序、とりわけ善悪の秩序に結びついていた。だが、近代からポストモダンに移行するそのちょうど過渡期にニーチェが「神の死」を宣言したように、歴史的には、宗教的権威とそれにもとづくシステムは徐々に弱体化し、時間とともに神の力は衰えてしまった。この事実は西ヨーロッパに限ったことではなく、近代化が押し進められた多くの場所で広く起こったことである。

ニヒリズムとメランコリー

さて、「神の死」はあくまでも象徴的に言われたことであり、これは「超越的なもの」の喪失として、さらに一般化して考えることができる。ここで、近代以前を「信仰の時代」、近代を「自由の時代」としてみると、ポストモダンは「ニヒリズムの時代」として規定できると思われる。有名な一節だが、ポストモダンを「大きな物語」が失われた時代と特徴づけたフランスの哲学者リオタールの言葉を引用しよう。

> 極度の単純化を懼れずに言えば、《ポスト・モダン》とは、まずなによりも、こうしたメタ物語に対する不信感だと言えるだろう。〔…〕物語機能は、真なる物語を構成する関係の諸要素——すなわち偉大な主人公、重大な危難、華々しい巡歴、崇高な目標——を失いつつある。（リオタール　一九八六、八—九頁）

リオタールがここで述べる「メタ物語」（=精神の弁証法、意味の解釈学、理性的人間あるいは労働者としての主体の解放、富の発展といった「大きな物語」）とは私の言う「超越的なもの」のことだが、メタ物語に対する不信感が増すにつれて、私たちは「ニヒリズム」という新たな現象に直面することになる。ニヒリズムとは、「もしかすると、あらゆるものは無意味かもしれない」という疑念のことである。存在不安を打ち消し、憧れを喚起することで善悪の根拠を支えた宗教、共同体の慣習や伝統、共同幻想といった「大きな物語」は、近代以前の社会では無自覚かつ直接的に受容されていたが、近代以降、理性の合理的な推論によって対象化された。その結果、「大きな物語」は人間的自由を抑圧するものか、それとも人間の本質条件か、というふるいにかけられる。ところが、決定的なのは、理性的な吟味それ自体に超越性を剝奪する契機が潜んでいることだ。というのも、物語が十全に機能するためには、超越性に対する「信」が必要だが、理性的な推論である「知」は物語の超越性を地上に引きずりおろしてしまうからである。したがって、ニヒリズムとは、単なる厭世的な「気分」ではなく、世界の無意味さについての洞察にもとづく「理性の病」だと言うことができるだろう。

ニヒリズムという問題現象を人々のあいだに広く観察できるようになるのは二〇世紀中盤以降、すなわちポストモダンの時代からだが、私たちは、ニヒリストの典型をある一九世紀の小説に見出すことができる。ツルゲーネフの秀作『父と子』（一八六二年）である。

この小説では、農奴解放前後の一九世紀ロシアを舞台にして、伝統的な貴族文化と新しい世代の文化の摩擦が描かれている。大学を卒業して、久しぶりに故郷の田舎に帰ってきたアルカージイは友人のバザーロフも一緒に連れてくる。バザーロフはあらゆる形式のロマンティシズムを蔑《さげす》み、伝統的な貴族文化の内実は空虚だと考えている若者で、アルカージイも彼の影響を受けている。貴族文化のなかで育ったアルカージイの父親ニコライ・ペトローウィチと伯父パーヴェル・ペトローウィチはバザーロフの自由奔放な言動に戸惑い、バザーロフがいない食事の席でアルカージイにバザーロフとは何者なのか、と尋ねてしまう。

「バザーロフが何者ですって?」アルカージイは苦笑した。「伯父さん、なんなら、あの男が何者か、教えてあげましょうか?」

「うん、教えてくれよ、アルカージイ」

「彼はニヒリストです」

「ええっ?」とニコライ・ペトローウィチはききかえした。パーヴェル・ペトローウィチはバターの一片をつけたナイフをもちあげたまま、凍りついたようになってしまった。

「彼はニヒリストですよ」とアルカージイはくりかえした。

「ニヒリスト」とニコライ・ペトローウィチはつぶやいた。「それは、ラテン語のnihilつまり無、から出た言葉だな。そうとしかわたしには考えられん、とすると、この言葉は……なにものもみとめぬ人間……という意味かね?」

「なにものも尊敬せぬといったほうがいいよ」とパーヴェル・ペトローウィチはいって、またバターをぬりはじめた。

「何事も批判的見地から見る人間ですよ」とアルカージイはいった。

〔…〕

「で、なにかね、それはいいことかね?」と、パーヴェル・ペトローウィチがさえぎった。

「人によりけりですよ、伯父さん。それでいい人もいるし、ひどくわるい人もいます」(ツルゲーネフ 一九九八、三六―三七頁)

ツルゲーネフは、伝統的権威を積極的に無化する人間としてバザーロフを登場させる。彼はいかなる権威にも従属しないことだけを信条としており、現実世界の絶対性に観念で対抗し、観念を観念の内側で論理的に正当化することで、自分を新しい人間だとみなしている。だが、観念は観念以上のものではない。言葉が生きるためには、それがどこかで現実の世界に触れている必要があるが、この単純な事実にバザーロフはなかなか気がつかない。彼がようやくそのことに気づくのは、現実世界の方に――とりわけ美的なものに――つい誘われてしまうときである。

　そのときやっとバザーロフは、伝統がロマンティシズムを生むのではなく、自己と他者の関係こそがロマンの源泉であることを知る。バザーロフは「なぜぼくが時代に属さにゃならんのだ？　時代のほうこそぼくに属させりゃいいんだよ」と現実の論理を嘲《あざけ》るが、ではバザーロフ自身の内側にはいかなるロマンティシズム（理想への憧れ）もないのか、もしあるとすれば、どのような現実的関係から立ち上がってくるのかという問いが、この作品を一つの「文学」にしているのだ。

　ここで着目すべきは、バザーロフの対極には宗教や伝統といった「大きな物語」が控えており、その緊張関係のなかでニヒリズムが先鋭化していることだ。逆に考えると、ニヒリズムは何らかの無化すべき対象を必要とするものであり、そもそも無化すべき対象が存在しないところにはニヒリズムも存在しないと考えられる。

　一般に、ニヒリズムとは「世界の一切は無意味である」という主張を指すが、この主張の前提にあるのは、かつては何らかの意味があったがそれはすでに失われてしまったということである。だとすれば、意味の無意味化の経験がニヒリズムの問題事象であることになるだろう（渡辺 一九七五）。つまり、意味があってやがてそれが失われること、たとえば、天皇制があってやがて敗戦があったこと、マルクス主義があってやがて学生運動の熱が冷めたこと、大きな物語があってやがて失墜したこと……。簡単に言ってしまえば、ニヒリズムとは「意味喪失の経験」なのである。もちろん、ニヒリズムが世界全体の無意味を主張するにいたるまでには、特定の意味の無意味化の経験から、あらゆる意味の無意味化へと飛躍する必要がある。これも全体性に向かって究極の根拠を求める理性の本性に起因している。

ところが、ニヒリズムとは別の形態の意味喪失が存在する。何らかの強い意味があってそれが無化される（あるいは、それを積極的に無化する）のではなく、そもそも強い意味それ自体を見出しにくくなっている状態——私はこれを「ニヒリズム」とは区別して「メランコリー」と呼びたい。ニヒリズムはつねに無化すべき意味を必要とするが、無化すべき意味すら見つからないのだとすれば、私たちは「欲望の挫折」（＝ニヒリズム）ではなく、「欲望の不活性」（＝メランコリー）を体験していることになる。

「大きな物語」が崩壊していくのを目撃したポストモダンの世代は「ニヒリズムの時代」を生きたが、「大きな物語」が崩壊してしまった後の世界に生まれた者たちは「メランコリーの時代」を生きているのではないか。これが私の舞台設定である。

ポストモダンとは、かつて揺るぎなく存在した「意味」（＝モダン）を喪失するという経験だった。もちろん、ポストモダン思想は目の前で「大きな物語」（マルクス主義）が崩れていくのをただ眺めていたわけではなく、はっきりとした動機から積極的にそれを無化し否定した。だが、この無化し否定するという発想はニヒリストのものである。

それに対して、ポストモダン以後、私たちは無化すべき対象を見つけることができない。私たちには社会への蔑みや嘲りもない。その気になればそれなりに人生を楽しむこともできるが、同時に、ある種の生きがたさのようなものも感じている。ならば、現代を生きる私たちの実存感覚は前の世代とは異なるものになっているはずだ。

ニヒリストは伝統的権威に対する「攻撃性」を持ち、あらゆるものは無意味かもしれないという「虚無感」に苦しむが、メランコリストにとっての問題は、欲望の鬱積から出来する「倦怠」と「疲労」、そして、いま手にしている意味もやがては消えていくかもしれないという「ディスイリュージョンの予感」である。要は、「何をしたいわけでもないが、何もしたくないわけでもない」という奇妙な欲望をメランコリストは生きているのだ。あるいは、次のようにも言えるかもしれない。ニヒリズムは絶望の一形態だが、メランコリーには希望も、そして絶望さえもないのだ、と。

メランコリストの問い

二〇〇八年に公開された押井守監督のアニメーション映画『スカイ・クロラ』には、キルドレと呼ばれる子供たちが登場する。キルドレは、暴力を目撃することでしか平和の意味を理解できない人々のために戦闘機に乗って擬似戦争を行なうが、戦死すると同じ顔をした代わりのキルドレが再生産される、という悲惨な運命を生きている。その残酷な——そして無意味な——生まれ変わりのサイクルに、周囲の大人もキルドレ自身も気がつかないふりをする。キルドレは基地に送られてきて相手企業のキルドレと戦い、戦死すると代わりのキルドレが送られてくる、という無限の循環を生きるしかない。ところが、この運命そのものに疑問を抱き、システムに抵抗を試みるキルドレが現われる。そもそも自分はキルドレなのか、と思い悩むミツヤは主人公カンナミにこう打ち明ける。

ミツヤ「あなたはこの基地で一番信頼できる。だから聞きたいの。あなたたちがどうやって自分の気持ちを整理しているのか。同じことを繰り返す現在と過去の記憶をどんなふうにしてつないでいるのか。想像だけど多分、とても忘れっぽくなって、夢を見ているようなぼんやりした感情が精神を守っているはず。昨日のことも先月のことも去年のことも全然区別がない。同じように思える。ちがうかしら?」

カンナミ「僕のことだったらだいたいその通りだよ。小さいときからずっとこんなふうだった。ぼんやりとして起きてるのか眠ってるのか分からないってよく言われた」。

〔…〕

ミツヤ「あなたたちキルドレは年を取らない。永遠に生き続ける。最初は誰もそれを知らなかった。知っていても信じなかった。でもだんだん噂が広がっていく。戦死しないかぎり死なない人間がいるって。分からない。私もキルドレなのかしら。いまあなたに話したこともどこで聞いたのか、何で読んだのか、ほんとうのことなのか。どことなく何もかも断片的な感じがするの。自分が経験したことだっていう確信がない。手ごたえが全然ないの。私だけがキルドレじゃないなんてそんな都合のいい話ってないよね。いつから私は飛行機に乗ってる？　いつから人を殺してるのかしら？　一体どうしていつどこからこうなってしまったのか。毎晩思うんだ」。

キルドレはただ与えられた日常を生きている。唯一の義務は戦闘機に乗って敵と戦うことだが、何のために自分が戦うのかについてはまったく自覚がない。かつての日本のように天皇陛下や家族のために戦っているわけではないのだ。行為の意味が決定的に欠けていて、無意味な悲劇だけが積み重なっていくが、その循環を止めることは誰もが諦めてしまっている。何かを変えたいと思っても、そのために何と戦うべきなのかは分からないのである。

映画の最後で、カンナミは独言する。

「いつも通る道でも違うところを踏んで歩くことができる。いつも通る道だからって景色は同じじゃない。それだけではいけないのか？　それだけのことだからいけないのか？」

カンナミの独言は次のように言い換えることができるだろう。

「高さも広さもない場所で現実的に生きていくことはできる。それだけではいけないのか？　それだけの選択肢しかないことがいけないのだろうか？」

これがメランコリストの問いである。

ニヒリズムもメランコリーも強い意味、すなわち理想や理念が失われているという点では共通しているが、「高さ」を回復する必要性をより強く感じているのはメランコリストの方である。というのも、ニヒリストは、理想を否定するにしろ、それがどういうものなのか、すなわち、高さがどういうものなのかは知っているからだ。ニヒリストの挫折は、むしろ彼の逆立した「理想」を実現できなかったことに原因があり、したがって、彼が経験したのは「広さ」についての挫折なのだ。

「大きな物語」が高さと広さを支えていたとすれば、それは人間にとって「超越性」と「普遍性」の可能性の条件だった。だから、ポストモダンの「大きな物語」に対する不信感は、超越性と普遍性を台無しにした。ところが、それが私たちにとって誤算だったのかといえば、そうではない。むしろ、そんなことは分かりきったことだったのだ。たとえば、ニーチェはニヒリズムの到来をいまから一〇〇年以上も前に予言していた。ニヒリズム、そして続くメランコリーは避けられなかったのであり、人間は自由の代償としてそれを選び取ったとさえ言えそうだ。

では、現代のニヒリズムとメランコリーをどう考えればよいだろうか。それらを受け入れ、その先へと実存を進める可能性はあるのだろうか。たしかなのは、その可能性は私たちの時代の物語を再び創出することではありえないということだ。私たちは、物語とは別の理路で超越性と普遍性の可能性を模索しなければならない。それができなければ、もはやこの世界の彼岸を垣間見せてくれるような憧れはありえないし、文化的、社会的、宗教的な多様性を越えて誰もが納得できるような秩序も存在しないことになる。簡単に言ってしまえば、高さと広さなき時代のメランコリストはどう生きるのか、ということだ。そして、その原理を考えるのが、哲学なのである。

現代実在論をどう読むのか

これまで私たちは、形而上学の動機、高さと広さ、ニヒリズムとメランコリーについて確認してきた。これらはすべて現代実在論を理解するための伏線となる議論でもあった。

現代実在論とは何か。哲学的には「二〇世紀後半に興隆したポストモダン思想を終焉させようとする運動」と規定できる。それは、新たな「実在論」によって反相対主義的立場を取り、哲学における「絶対的なもの」を取り戻そうとしている。たとえば、カンタン・メイヤスー、グレアム・ハーマン、マルクス・ガブリエル、チャールズ・テイラー、ヒューバート・ドレイファスといった現代の哲学者たちは、「実在論」の復興を目指して、現代哲学のディスクールを根本的に転換しつつある。現代哲学におけるポストモダン思想の終焉と実在論の台頭を「実在論的転回」と呼ぶこともできるだろう。

フーコー、デリダ、ドゥルーズといったポストモダン思想の論客は、近代哲学を暗黙のうちに貫いていたドグマを告発した。すなわち、理性、主体、意識、真理、普遍性、本質、同一性といった近代的概念の背後にある自己中心性、暴力性、制度性、硬直性を暴露したわけである。近代ヨーロッパの価値基準を支えてきた哲学のディスクールでは、近代が経験した人類の悲惨——魔女狩り、宗教戦争、帝国主義、植民地支配、奴隷制、人種差別、そして、近代の帰結としての二つの世界大戦とナチズムとスターリニズムという全体主義——に対抗できなかった。いやむしろ、世界のあらゆる事象を一つの枠組みで完全に理解し透明化できると断言する近代的概念そのものが、実は近代の暴力を裏側から支えていたのではないか、とさえ疑われた。

したがって、ポストモダン思想が取り組まなければならなかったのは、第一に近代哲学の批判であり、第二に近代的概念に対して相対主義の原理を対置させることだった。哲学のための絶対的な出発点——例えば、デカルトの「コギト」——は存在せず、そんなものは人間にとって有害ですらあると告発したのである。フーコーの「エピステーメー」、ドゥルーズの「反復」、デリダの「差延」といった概念は総じて「認識と知の相対化の原理」として提出された。ひとことで言えば、彼らの関心は「絶対的なドグマ」を拒否することに注がれていたのだ。

ポストモダン思想の動機と仕事は、「暴力に対抗する哲学」という像を確認したという点で評価されるべきものだが、彼らの方法が相対主義だったことは大きな課題として残された。というのも、相対主義は、結局のところ、力の論理を帰結することになるからだ。暴力を悪とする根拠すら相対主義では相対化されざるをえず、「力の強いものが勝つ」という自然の論理に対抗できない。

だからこそ、現代哲学は何とか「絶対的なもの」を取り戻そうと努力する。現代哲学の実在論的転回は、ポストモダン思想の相対主義のディスクールに対してアンチ・テーゼを強く打ち出したという点で、哲学の普遍主義への転回を予感させるものなのだ。

だが、時代感覚から読み解くなら、現代実在論は「メランコリーの時代」に現われるべくして現われた哲学である。その挑戦を、理性的にあるいは宗教とは別様に超越的なものを復活させること、と言い換えてみよう。具体的には、三つの大きな挑戦があるだろう。(1)高さへの挑戦、(2)広さへの挑戦、(3)高さと広さとは別の仕方で現実的に生きる可能性への挑戦である。

メイヤスーの「思弁的唯物論」とハーマンの「オブジェクト指向存在論」は「高さ」についてのデ

ィスクールを形成している。「高さ」が失われたのは、あらゆる存在が人間にとっての対象になったことに起因する。本来、人間（の認識）を超えた場所にあるべき存在が、人間という生物種にとっての対象の地位に押し込められるとき、存在の超越性は消え失せ、私たちは「向こう側」を予感できなくなる。同じことが繰り返される毎日の中で感じる倦怠を打ち消すのは、生活の向こう側——広い意味での美的な体験——であり、たとえるなら、いま見える空の彼方にある「超越性」と「不可侵性」が空の下で繰り返されている退屈を打ち消してくれるのだ。ところが、人間は人間にとっての世界しか認識できないとカントが主張して以来、あるいはカントが美的なものを趣味判断に還元してしまって以来、あらゆる高さは人間の高さに画一化されてしまった。メイヤスーの「相関主義」批判やハーマンの「アクセスの哲学」批判は、そのように読むことができる。

　テイラーとドレイファスの「多元的実在論」は「広さ」の可能性を議論する。彼らの問いは、文化的多様性を抑圧せずに普遍性を作りだすことは可能か、というものである。テイラーとドレイファスが提示する「多元的で頑強な実在論」は、それぞれの文化に特有の認識も実在として認めつつ、「どこでもないところからの眺め」を擁護する。科学的客観主義と文化相対主義をどちらも批判して、自然科学と人文科学における広さの根拠を見出そうとしているのだ。

　本書にとって特別な位置を占めるのはガブリエルの「新しい実在論」だ。それは、彼が「高さ」や「広さ」とは別の仕方で生きる可能性を暗中模索していると思われるためである。ガブリエルは理性の限界に対して悪あがきしない。生にどれだけの不確定要素があったとしても、そういうものだと飲みこんで、一つずつ最善を尽くしていく態度を示している。分からないものは分からないし、世界全体を包摂する統一法則などない。だとしても、ガブリエルは極端な思弁には走らず、一切のものは無意味だと「絶望」することもなければ、何らかの絶対者に対する安易な「希望」を抱くこともない。その意味でガブリエルが提唱する“New Realism”は、伝統的形而上学と構築主義（ポストモダン思想）を調停する「新しい実在論」であると同時に、メランコリストの生きかたの指針となる「新しい現実主義」でもあるのだ。

「何をしたいわけでもないが、何もしたくないわけでもない」という奇妙な欲望の状況に私たちはどう対処するのか。私たちが生きるためにはどの程度の高さと広さが必要になるのか。高さや広さにこだわらない生きかたはできないのか。最後に私たちの問いをもう一度繰り返そう。

「高さも広さもない場所で現実的に生きていくことはできる。それだけではいけないのか？　それだけの選択肢しかないことがいけないのだろうか？」

第Ⅰ章

偶然性に抵抗する

カンタン・メイヤスー

高さと広さを喪失した世界で、私たちは「偶然性」に翻弄される。〈私〉が〈私〉であることに特別な理由はない。世界がこのように存在することも偶然の産物である。つまり、「一切は別様でありうる」――しかし、それの何が問題なのか。

すべての意味は何の前触れもなく失われるかもしれない。いや、必然的な理由はどこにも存在しないのだとすれば、対象喪失の偶然性の前で理性は無力である。そういう場所で、そもそも意味を見つけ出す作業に意味を感じられるだろうか。ようやく見つけた生の根拠もその場しのぎの応急処置にすぎないとしたら？　最愛の人との関係もまた、ある日突然、別様でありうると言われたら？　そのとき、人間は関係性をよくするための努力をしなくなるどころか、関係性を作ることすら断念するだろう。偶然性にただ身を任せるほうが傷つかなくて済むからだ。

本章では「高さ」を取り戻すためのカンタン・メイヤスー（一九六七年生）の努力を見ていく。その努力は神なき時代の偶然性に抵抗することと一体になっている。偶然性に翻弄されるのではなく、偶然性の意味を我がものとすること。その課題は、「一切は別様でありうる」という事実を必然性とみなすことで果たされる。すなわち、思弁的理性が到達するのは偶然性の必然性なのだ。そのとき、私たちは偶然性に左右されるのではなく、偶然性を実存の積極的な可能性として取り戻す。そうして本章の最後で、偶然性の絶対性は新たな「高さ」を呼び覚ますだろう――それはや、が、て、来、る、べ、き、神である。

1　相関主義と信仰主義

思弁的実在論のマニフェスト

「思弁的実在論（Speculative Realism）」は現代哲学の舞台に登場した新しい哲学運動で、二〇〇七年にロンドン大学ゴールドスミス・カレッジで開かれたワークショップに始まる。そのワークショップには、カンタン・メイヤスー、グレアム・ハーマン、レイ・ブラシエ、イアン・ハミルトン・グラントが参加し、彼らが思弁的実在論の立ち上げメンバーとなった。論文集『思弁的転回（*The Speculative Turn*）』の編者たちのマニフェストによると、思弁的実在論を構成する哲学は、「思考から独立した、あるいはより一般的に人間から独立した仕方で、実在性の本性について、もう一度思弁的に考え始めた」という点で共通性を持つ（Bryant, Srnicek, and Harman 2011, p. 3）。思弁的実在論の中心テーゼは現代実在論を理解するうえで重要なので、その特徴を次の二点に整理しておこう。

(1)思弁的実在論は一枚岩の哲学運動ではなく、理論的にも方法的にも多彩な哲学で構成される。
(2)人間の思考（認識）から独立した存在について、思弁的に考えようとする点で共通性を持つ。

まず、(1)について。思弁的実在論をめぐる状況は少し複雑で、どこまでを思弁的実在論と呼ぶのかは論者によって意見が分かれる。初期メンバーのメイヤスーやブラシエは、すでに思弁的実在論から距離を取っており、現在の思弁的実在論から初期メンバーの哲学が除外されるという固有の事情も存在する（詳しくは、千葉 二〇一八bを参照されたい）。しかし同時に、思弁的実在論の影響は、いまや哲学にとどまらず、文学、社会学、建築学、芸術学、脳科学と広範にわたっており、新しい哲学運動としての思弁的実在論のプレゼンスは日増しに高まっている。

次に、(2)について。多彩な理論と実践から構成される思弁的実在論も、それを束ねる理念については、一定の共通理解を取り出すことが可能である――人間の認識から独立した存在、すなわち「物自体」を思弁的に考えようとすることだ。ここで「思弁的に考える」とは、「観察」や「経験」に頼らず、理性的推論によって物自体を探究することを意味する。つまり、実証科学で行なわれる実験や調査ではなく、論理的に推論する力を使って、人間の認識に依存しない物自体を考えるのが思弁的実在論なのである。

さて、思弁的実在論の新しさを感じるためには、カント以後の西洋哲学の大きな前提を理解する必要がある。この前提こそ、メイヤスーが『有限性の後で』（二〇〇六年）で「相関主義」と呼んで強く批判したものだ。ここで、カントが自身の立場を超越論的観念論と呼んだことを思い出せば、なぜ現代哲学が実在論を標榜するのかが分かるだろう。すなわち、カント以後の観念論に対抗するための実在論を主張するのが、現代実在論なのだ。メイヤスーの相関主義批判に入る前に、まずは観念論と実在論の考え方を簡単に見ておこう。実在論が「存在」は人間の「認識」から独立して存在する、と主張するのに対して、観念論は「存在」は人間の「認識」に依存する、と主張する。身近な例をとって考えてみよう。

いま、机の上に赤いリンゴがあるとする。まず、リンゴの丸い形、赤い色、つやつやした感じが目に入る。私は一目でその物体がリンゴだと気づくだろう。もし空腹なら、そのリンゴはとてもおいしそうな食べものだが、リンゴが嫌いな人には単に机の上の静物にすぎない。また私が果実商なら、一瞥のうちに、その品種や産地、値段などを理解できるにちがいない。つまり厳密には、リンゴをどのような存在として認識するかは人によって違いがあるが、にもかかわらず、机の上にあるリンゴが現実に存在する事物であること、誰にとっても同一な一つの対象であることを疑う人間はいないだろう。リンゴは（そこに認識者がいるのかいないのかには関係なく）実在する、とふつう私たちは考える——これが実在論的な物の見方だ。だが、観念論の哲学者はこれをまったく違う仕方で考える。すなわち、一切を確定されていないものとして疑うのである。

観念論は、リンゴが本当においしいのか、あるいは、リンゴが青森県産のふじなのか、といったことを疑うだけでなく、そもそもそのリンゴが現実的、客観的に存在しているのか、ということまで疑おうとする。たしかに私は目の前に一つの赤いリンゴを見ている。しかしなお、私に見えているリンゴは、客観的に実在するものと言えるのか。リンゴはつねに私にとって現われるのだから、「存在」は「認識」に依存しているのではないか。

このような問いは、常識的には無意味で馬鹿げた、単に思念のための思念にすぎないものと見えるだろう。しかし注意すべきは、この眼前の対象の実在の確実さをとことんまで疑問に付し、いかにしてその確実さを証明できるかという問いこそ、ヨーロッパ近代哲学における最も重要な、かつ中心的な主題だったということである。デカルト、カント、ヘーゲル、ニーチェ、フッサール、ハイデガーにいたる高名な哲学者たちは、例外なく、全精力を注いでこの問いを考え抜こうとした。

ところが、こうした近代哲学者たちの努力によって、哲学には暗黙の前提が作られることになった。すなわち、人間は決して対象それ自体を認識することはできず、人間特有の認識装置を通じて対象は認識される。あるいはこうだ――存在が何であるかは人間の認識条件に依存しており、人間は無条件的な物自体を認識することはできない。つまり、実在そのものは背景に後退し、現象とそれらを一つの対象性へとまとめあげる認識の構造だけが問題になったのである。これに反対するのが思弁的実在論にほかならない。

思弁的実在論のマニフェストの「新しさ」はこう表現することができる。すなわち、思弁的実在論はカント以降の暗黙の前提を批判するが、その批判精神は高さと広さの喪失によって現代社会に充足している息苦しさや閉塞感を疎む気持ちと連動している。思弁的実在論は、失われた「高さ」を回復するために、近代哲学の成果をあっさりひっくり返してしまう。だから、その哲学には新しい響きがある。そうして、すべての存在が人間の高さに画一化されるわけではない、とメランコリストの心情を代弁するのである。

相関主義

相関主義から見ていこう。メイヤスーによると、カント以後の西洋哲学は素朴実在論に陥るのを回避するために、思考と存在の相関関係にのみアクセスできる、という認識を徹底化した。「存在（対象）」が何であるかは、（人間的）「思考（認識）」との関係によってのみ明らかにされる。思考から切り離された存在を否定し、思考と存在の相関性を主張したのだ。メイヤスーは次のように述べる。

> 私たちが「相関」という語で呼ぶ観念に従えば、私たちは思考と存在の相関のみにアクセス〔*accès*〕できるのであり、一方の項のみへのアクセスはできない。したがって今後、そのように理解された相関の乗り越え不可能な性格を認めるという思考のあらゆる傾向を、相関主義〔*corrélationisme*〕と呼ぶことにしよう。そうすると、素朴実在論であることを望まないあらゆる哲学は、相関主義の一種になったと言うことが可能になる。（メイヤスー 二〇一六、一五―一六頁）

カント以後、思考と存在の一方の項にだけアクセスすることはできない、という了解が広く共有され、思考と存在の相関関係だけが哲学の主題になった。結果的に、存在を分析するためには、まず認識の可能性の条件を解明することが必要になる。というのも、私たちの認識の構造が明らかにされなければ、そもそも生身の存在がどのような条件によって加工されているのかが分からないからである。

そこでカントは、人間の認識装置のア・プリオリな（経験に先立つ）構造（＝感性、悟性、理性）を取り出した。私たちの認識は単に生身の存在を受け入れるのではなく、認識装置を通して積極的に対象を加工して認識している。むしろ生身の存在（＝物自体）は認識できず、私たちは現象として与えられる物だけを認識できる。カントはそう考えた。

もちろん、カントは物自体を手放しで否定したわけではない。まず、カントにとって物自体は認識不可能だとしても思考可能ではあった。現象としての物の根拠となる物自体を直接見ることはできなくても、それについて考えることはできるのだ。また、『実践理性批判』では、道徳法則（定言命法）の原動力として物自体を捉え、道徳法則に無条件にしたがう善人が幸福になるために「神」（＝物自体を認識する者）は要請される、という微妙な言い方をしている。ここでは道徳の根拠を擁護するために、物自体は不可欠なものとして考えられている。すなわち、カントでは、物自体が参照されうるある種の残余として残っており、メイヤスーの表現を借りれば、それは「弱い相関主義」でしかない。カントの批判哲学は、思考から絶対者に向かう関係を完全に禁止してはいないのだ。

カント以後、相関主義は二つの方向に分かれることになる。どちらも相関主義をさらに押し進めることで物自体の思考可能性すら否定する、という点では一致するが、一方で、相関性それ自体を絶対化する「主観主義的形而上学」が、もう一方で、世界それ自体は「神秘」のままにとどまるとする「強い相関主義」が登場する。前者を代表するのはヘーゲル（精神の絶対化）とニーチェ（生への意志の絶対化）、後者を代表するのがウィトゲンシュタイン（世界の論理形式）とハイデガー（存在の真理）である。以下、ニーチェとウィトゲンシュタインを例にとって、カント以後の相関主義が到達した二つの形態である「主観主義的形而上学」と「強い相関主義」を概観してみよう。

物自体を思考することを禁じ手にして、哲学をよりラディカルな相関主義に変貌させる——同時に、相関性それ自体を絶対化することで相関主義の原則を破る——のは、ニーチェである。ニーチェは哲学のディスクールから物自体の観念を完全に追放する。

ひとは、物自体がどのような性質のものであるかを知りたがるが、ところが、物自体なるものはなんらない！　しかも、たとえそれ自体でのものが、無条件的なものがあったとしても、まさにこのゆえにそれは認識されることはできない！（ニーチェ　一九九三、(下)九二頁）

物自体は端的に存在しない。もし物自体のような無条件的なものがあったとしても、そんなものは認識できない。なぜなら、認識というのはおのれが対象を条件づけることであり、対象によっておのれが条件づけられることだからである。この条件づけを発動するのは、つねにすでに自らの保存と生長を目指す「生への意志」であり、認識とは〈私〉にとっての価値評価の結果なのだ。

ならば、真理の本質もまた価値評価にある。真理はそれ自体として存在するのではなく、〈私〉にとってそれがどのような有用性を持つのか、という観点から現われるのだ。このことはさらに一般化することができる。すなわち、生成する世界は欲望の遠近法を通して存在する世界となる。世界は特定の生物種にとっての生の関心にしたがって秩序化、分節化されているのだ。具体的に考えてみよう。

たとえば、動物と世界の関係性を、「媒質」（生活の場となる物質）、「敵」、「獲物」、「性のパートナー」の四つに分けて考えてみることができる（ユクスキュル　二〇一二、三九頁）。オスのハイエナにとっては、アフリカのサバンナが媒質となり、ライオンが敵、シマウマが獲物、メスのハイエナが性のパートナーである。だが、同じサバンナに生きるシマウマにとっては、オスのハイエナ、メスのハイエナ、ライオンはすべて敵として現われるだろう。存在は、つねに特定の生の場面で現われるのであって、いかなる意味でも物自体はありえないのである。

ここで注意すべきは、あらかじめ全体として一つに統一された世界それ自体があり、それをさまざまな生物種が解釈しているのではない、ということだ。そうではなく、世界それ自体という想定がそもそも背理であり、それぞれの生物種に固有な生の関心に応じて、存在は立ち現われる。この地点まで来て、ようやく物自体の観念が完全に解体されたことが分かるだろう。

こうしてみると、ニーチェこそ「強い相関主義者」であるように思われるが、メイヤスーはニーチェの哲学を「主観主義的形而上学」とみなしている。ニーチェが「生への意志」を絶対化し、世界のあらゆる存在をその相関者と考えるからである。主観主義的形而上学者にとって、物自体は端的に不可能であり、存在しえないものだが、相関性それ自体を即自とみなすことで、ニーチェの哲学は相関主義の原則から離反している、とメイヤスーは言うのだ。

ならば、「強い相関主義」とはどのような哲学なのか。それは、ひとことで言えば、理性の「不能性」を開示する哲学である。強い相関主義は、物自体の思考不可能性については主観主義的形而上学と立場を同じくするが、主観主義的形而上学とは異なって、相関性それ自体を絶対化することはしない。だが同時に、強い相関主義は、物自体が絶対に存在しないとは言い切らない(あるいは言い切ることができない)。むしろ、物自体が存在するかどうかは人間には知りえない、そう主張するのである。

その意味で、ウィトゲンシュタインは強い相関主義者である。ウィトゲンシュタインにとって、世界の論理形式そのものは――世界に存在する諸々の事実とは異なり――論理学によっては決して明らかにされない。ウィトゲンシュタインは世界の論理形式を、それ自身は論理的に語られない「神秘」と考える。世界がかくかくの仕方で限界づけられた全体として存在すること、このように世界があるということの根拠を私たちは決して語ることができない――「神秘とは、世界がいかにあるかではなく、世界があるというそのことである」（ウィトゲンシュタイン 二〇〇三、一四七頁）。世界を要素へと分解し、それらの要素同士が有する論理関係については解明できたとしても、世界の存在そのものは依然として謎のまま残るのだ。

したがって、ウィトゲンシュタインの洞察には、「世界が存在するということを科学が思考することの不可能性」（メイヤスー 二〇一六、七五頁）が示されている。世界の偶有性を前にして私たちは立ちすくんでしまい、そこに神秘を感じることしかできない。相関性それ自体を絶対化しない強い相関主義は、世界が事実としてこのように存在することを――後期ウィトゲンシュタインの概念を使えば「言語ゲーム」の究極の根拠を――解明することはできないのだ。

ニーチェの主観主義的形而上学とウィトゲンシュタインの強い相関主義の差異――理性の不能性に直面するか否か――は、メイヤスーが理性に対する信頼を回復しようとする際に重要な契機となる。というのも、メイヤスーは相関主義を徹底することで相関主義の限界を突破しようとするからだ。それについては後に論じることにして、ひとまず相関主義についてまとめておこう。

相関主義の相関性は、存在と思考の相関性を意味している。程度の差はあるにせよ、カント（弱い相関主義）、ニーチェ（主観主義的形而上学）、ウィトゲンシュタイン（強い相関主義）は、認識者なしの物自体を哲学的考察から除外する。カントは現象と物自体を区別し、人間の認識装置の構造を解明することで、物自体は思考可能だが認識不可能だと考えた。ニーチェはカントの批判哲学をさらに批判したうえで、それ自体として存在する、人間の認識から切り離された物自体という考え方を完全に解体し、どのような存在の意味も生の関心に相関して現われる、と主張する。しかし、ニーチェは生への意志それ自体を絶対化してしまったことで主観主義的形而上学に陥った。ウィトゲンシュタインは相関主義をよりラディカルに押し進め、世界の論理形式の根拠を「語りえぬもの」として提示するが、そのことで理性の限界に直面しているとも言える。

こうして哲学は決定的かつ不可逆的な変化を経験した。すなわち、私たちは物自体を認識することはできず、「存在」はつねに私たちの「思考」を通じて——あるいは私たちの生の「関心」に応じて——その意味を獲得する。だが、それの何が問題なのだろうか。私たちは何を語れなくなったのだろうか。

祖先以前性

順を追って説明しよう。相関主義は科学の客観性をどう考えるのか。これがメイヤスーによる第一の問題提起である。相関主義の盲点は、生命以前の存在についての科学的言明を肯定できないことにある。あらゆる存在はつねに思考と相関的にしか捉えられないとすれば、思考がそもそも存在しなかった時代、言い換えれば、いかなる認識者も存在しなかった時代の存在はどうなるのか。メイヤスーは自身の問題意識をこう書いている。

> 私たちが関心を抱くのは、次の問いである。天体物理学者や地質学者、古生物学者が宇宙の年代や地球の年代、人類以前の生物種の出現年代、あるいは人類そのものの出現年代について論じるとき、その学者たちはいったい何について語っているのだろうか。思考、ひいては生命の出現に先立つものとして提起された――すなわち世界へのあらゆる形での人間的関係に先立つものとして提起された――世界のデータに明確に関わっている科学的言明の意味をどのように把握すればよいのだろうか。（メイヤスー 二〇一六、二四頁）

自然科学は、生命の出現以前の存在についての客観的知識を現に作り出している。だとすれば、そこでの存在は、明らかに世界に対するどのような人間的関係にも先立つものであり、人間の思考との相関性において現われる存在ではありえない。メイヤスーは、地球上の知られうるかぎりの生命の出現に先立つ事象を「祖先以前的」と呼ぶ。たとえば、「四五億六〇〇〇万年前に地球の形成は起こった」という科学的事実は祖先以前的言明の一つである。また、祖先以前の出来事や現実を示す物証を、「原化石」または「物質化石」と呼ぶ。原化石は、祖先以前的な出来事の物質的エヴィデンスとなるもので、たとえば、放射能による崩壊速度が分かっている同位体や、星の形成時期について情報を与えてくれる光の放出などがある。

では、存在を思考との相関性で考える「相関主義は祖先以前的言明にどのような解釈を与える可能性があるのか」（同書、二五頁）。結論から述べると、相関主義者は祖先以前的言明が真であることを無前提に肯定できない。肯定するにしても、相関主義者はその事実に「人間にとっては」または「認識者にとっては」という条件をつけるだろう。
ならば、結果的に相関主義的思考は、自然科学と数学の客観性――思考と存在の相関性の外部にアクセスする可能性――を台無しにしていないだろうか。ハーマンが指摘するように、「相関主義は科学的言明について文字通りの〔literal〕解釈を与えることができない」ので、生命以前の現実の客観性を説明できない。相関主義は必然的に「アポリア」を抱えてしまうのだ（Harman 2011a, pp. 10ff.）。

たとえば、四五億六〇〇〇万年前に起こった地球の形成を相関主義者はどのように考えるだろうか。おそらく、こう弁明するはずだ。四五億六〇〇〇万年前に地球が形成されたことには、十分な科学的証拠がある。だから、私たち（相関主義者）は、自然科学がこれまでに積み上げてきた事実を否定するのではなく、科学的言明の客観性を受け入れている。しかし、原化石から科学的事実を推論して正当化するのは誰だろうか。明らかに観察者である私たちだ。つまり、現在の私たちに与えられるデータから、私たちが地球の形成時期について確証するのであって、それはどこでもないところからの眺めではないのだ。

相関主義者の「人間にとっては」という前置きは、第一に、祖先以前的な出来事がいかなる認識者にとっても現われようがないこと（祖先以前的な出来事は生命以前の出来事だから）と矛盾し、第二に、自然科学が過去の事実を確定しようとしていることにも反する。つまり、相関主義の論理は科学の成果と矛盾する、とメイヤスーは主張するのだ。

祖先以前性についての相関主義批判は、実際には分かりにくい点を含んでいる。「そうは言っても、私たちに与えられるデータから私たちが推論するしかないではないか」という相関主義者の弁明ももっともに思えるからだ。ここで理解すべきは、メイヤスーの哲学的問いの内実である。それはこのようなものだ。独断主義と決別した相関主義の哲学は、祖先以前的言明を文字通りの意味で唯物論的に理解することができない。だが、自然科学と数学は、どういうわけか祖先以前的な出来事についての客観的知を作り出すことに成功している――「《大いなる外部》について推論できる数学の能力、すなわち人間どころか生命も存在しない過去について推論できる能力、いったいこれは何なのか」（メイヤスー 二〇一六、五〇頁）。メイヤスーは相関主義を批判しつつ、実際には、自然科学と数学の能力を前にして苦慮しているとさえ言えるだろう。

この問いに対して、実はメイヤスーは明確な答えを出していない。しかし、相関主義の論理では、《大いなる外部》に近づくことすらできない。だから、新しい哲学を打ち立てる必要がある。物自体を思考する可能性は、時代の希望になりうるのか。思考への結びつきを解かれたものをふたたび思考しようとする試みは、これまでの哲学の伝統を刷新し、私たちが予想だにしなかった哲学の展望を開くのだろうか。

信仰の回帰

メイヤスーの二つ目の問題提起は、相関主義は信仰主義を帰結する、というものである。相関主義を徹底したことで、私たちは即自的なものに関与できなくなり、世界の事実性（理由は分からないが世界が現にこのようであること）の前で立ちすくむことになる。ここで世界の事実性は、《全き他者》の不可能性を確立できないという、諦念にも似た理性の「不能性」を露呈する。

事実性として私が経験するのは、対象的な現実の経験ではなくて、世界があるという事実に面しての、言葉にでき知覚できる——既定の不変項によって構造化された——世界に面しての、対象性の越えられない限界の経験である。〔…〕

かくして事実性は、私たちに、世界の《全き他者〔Tout-Autre〕》の「可能性」を把握させるのだが、それはこの世界のただなかにおいてなのである。しかしここでの「可能性」という言葉には括弧で留保をつけるのがよい、というのは、事実性において問題になるのは、《全き他者》の実際の可能性を知っていることではなく、その不可能性を確立できないという私たちの不能性であるからだ。（メイヤスー 二〇一六、七二―七三頁）

たとえば、あらゆる事象を統一的に説明する法則を発見したとしても、世界がその法則によって統一されている理由は決して知られない。世界の「何」が明るみに出たとしても、世界の「なぜ」は永久に隠されたままなのだ。だとすれば、私たちは世界の事実性については、そうであるからそうなのだとしか言えないことになる。世界の複雑な構造をつまびらかにしても、世界の構造がそうなっていることの根拠は分からないのだ——「事実性とは、所与の、またその不変項の『非理由〔irraison〕』（理由の不在）なのである」（同書、七三頁）。私たちに与えられる世界はどこまでも私たちにとっての世界でしかなく、しかも、世界がこのような仕方で与えられる理由を一切知ることができない。つまり、強い相関主義は事実の確認しかできないのである。

さらに、世界の理由の不在は、より重大な帰結をもたらすだろう。すなわち、〈私〉とはまったく異質な構造の認識装置を持ち、〈私〉には想像もつかないような仕方で世界の意味を把握する〈他者〉が存在する可能性を排除できないのだ。というのも、強い相関主義の論理では、存在のありようは思考のありようと一致するのだから。そうして相関主義者は、《全き他者》が存在することの不可能性を確立できない不能性に取り憑かれるのである。

しかし一面では、《全き他者》の存在は「高さ」の次元を形成するとも言える。私たちの想像力の彼岸が、《全き他者》が住まう異界だからだ。だとすれば、《全き他者》の可能性を排除できないことは、むしろ「高さ」の積極的可能性を示唆し、メランコリーの時代の「欲望の不活性」を克服する原理たりうるのだろうか。《全き他者》という概念には「高さ」が含まれているようにも思われる。

ところが実際には、相関主義における《全き他者》は、理性の無力感と結びついている。「〈私〉にはどうせ届くはずがない」という諦念が相関主義を支配している、と言ってもよいかもしれない。《全き他者》が存在するのかどうかは分からない。もし存在するにしても、私たちにはその存在を確証することはできない。「高さ」の可能性を予感してはいるものの、それが本当に存在するのかどうかは分からず、かえって高みに到達できない自らの無力感だけが感じられる。メイヤスーにとって、それは近代哲学が信じた相関主義の行き詰まりなのだ。

世界の事実性は、《全き他者》の可能性を示唆するが、その可能性は《全き他者》の存在‐非存在ではなく、本質的には理性の有限性‐不能性に結びついている。つまり、私たちの能力不足が《全き他者》の可能性を暗示するだけなのだ。それゆえ、強い相関主義のモデルは、次のような結論を下すことになる――思考不可能なものが不可能であるということは思考不可能である。《全き他者》について思考することは不可能だが、思考不可能なその存在の不可能性を思考することもまた不可能なのである。

思考がそれ自身の外部にアクセスできないとすれば、思考の外部は、あるともないとも言えないものになってしまう。「絶対者は存在する」という言明も「絶対者は存在しない」という言明も、相関主義においては対等なもの、すなわち対等な一つの「信仰」として扱われるからだ。思考と切り離された存在にはアクセスできないと主張することで、あらゆる主張は任意の信仰に閉じ込められてしまう――このような事態をメイヤスーは「信仰主義」と呼ぶ。

注意したいのは、メイヤスーの信仰主義は、特定の宗教への帰依が広まることを意味しない、ということだ。相関主義は、「充足理由律」（あらゆる存在者は存在するための十分な理由を持つ）から導かれる「実在的必然性」（少なくとも一つの存在者は必然的である）を批判する。「異星人による福音」の思考実験で示したように、形而上学は、全体性を目指す理性の推論の能力によって、それ以上は遡れない一切の根拠の根拠（＝神）を措定するが、それ自身がそれ自身のために存在する自己目的的な存在者は、思考と存在の相関性を主張する相関主義の論理では背理になるからだ。相関主義は独断的形而上学を批判するが――最も象徴的なのはカントの『純粋理性批判』における「第四アンチノミー」の議論である――その批判は同時に、ほかの宗教を押しのけて自らの信仰の正当性だけを主張する独断的宗教に対する批判、さらに言えば、独断的イデオロギー一般に対する批判でもある。

こうしてみると、相関主義は宗教そのものの地盤を揺るがすように思えるが、現実にはそうならなかった。なぜなら、絶対者への到達不可能性の証明は、むしろ内的かつ非理性的な「信仰」こそが絶対者への唯一の道を形成することを逆説的に傍証してしまうからだ。ヘーゲルが言うように、「信心深い人びとが現実よりも内面性を強調するとき、そこに狂信がうまれる」（ヘーゲル 二〇〇〇、五一五頁）。相関主義以前に「信仰の独断主義」が占めていた場所は、いまや新たな「信仰の相対主義」によって占拠されてしまったのである。

それだけではない。本来なら信仰とは区別される理性的洞察でさえ一つの信仰になってしまう（＝理性の宗教化）。たとえば、狂信者の暴力とそれを非難する正義が、信仰の名の下に同列に置かれ、理性は不合理な暴力を非難するための根拠を喪失する。独断的形而上学を解体した結果、理性的思考は信心に対して、以前とは異なる仕方で――キリスト教権力に対する合理的理性の従属ではない仕方で――非-形而上学的に従属してしまうのである。独断主義の息の根を止めたことで、かつて人間は神を失ったが、相関主義がよりラディカルに押し進められた結果、皮肉にも信仰だけが生き残ってしまった、とも言えるだろう。

もちろん、信仰の復権は、「高さ」を求める時代の要請を反映してもいる。だが、もしそれぞれの「高さ」への希求が「広さ」の根拠を相対化してしまうのであれば、私たちは宗教戦争の論理に先祖返りすることになる。近代哲学は「高さ」よりもまず「広さ」を確保したが、「高さ」だけを求めてその功績を無化すると、「力の論理」の逆襲が始まることになるのだ。そのような事態は避けなければならない。

問題の所在を明確にしよう。メイヤスーは宗教や信仰が諸悪の根源だと言っているのではない。相関主義が世界の事実性に直面し、理性の不能性を思い知らされることが憂慮すべき事態なのだ。批判の対象は、宗教そのものではなく――後に私たちはやがて来るべき神を目撃するだろう――実存の無力感に結びついた信仰主義の台頭なのである。

2　偶然性・必然性・事実論性

偶然性－必然性の意味について

あらゆる存在者は存在するための十分な理由を持つ、という充足理由律を反故《ほご》にすることで、相関主義は独断的形而上学を打ち倒し、存在を人間の認識に同化させた。しかしこのことは逆に、あらゆる存在者は存在するための十分な理由を持たない、という事態を帰結する。そうして、私たちの生と世界は絶えざる偶然性にさらされることになる。

充足理由律と実在的必然性の重要な役割を思い出そう。神は高さと広さで、社会の善悪の秩序を守り、存在不安を打ち消していたのだった。偶然性は、形式的には「何かが別様でありうること」を意味するが、それを実存論的に追いつめれば、「私は別に存在しなくてもよかった。私がこの世界にいま存在することには何の理由もない」という観念になる。あるいはこうだ――物理法則も善悪の秩序も、そうあらねばならない理由は何一つなく、次の瞬間には一変しうる、しかも何の意図もなく。

ひとたび偶然性の観念にとらわれると、世界の存在根拠が揺らぎはじめる。ユダヤ人の虐殺も友人の自殺も、師との出会いも妻との会話も、単に一つの偶然的事実にすぎないと思えてくるのだ。偶然性は、存在や出来事の論理的理由の欠如を示し、それらの取り換えがたさを任意の一つの可能性（＝one of them）にしてしまうからだ。「なぜかは知らないが自分はこの世に存在しており、かつその事実を引き受けて存在しなければならない——という意味での実存の『いわれなさ』は、偶然性と運命のテーマそのもの」（森 二〇〇八、五四頁）なのである。

充足理由律を起動できない以上、私たちはただ偶然性に翻弄されるだけの存在なのか。人間は自己の悲惨なことを知っているという点で偉大である、とかつてパスカルは言ったが、神が不在の現代でもそう断言できるだろうか。私にはそうは思えない。自己が悲惨な境遇にあることにすら何の理由もないのだとしたら、自己の悲惨さを知ることはただの悲惨と同じである。

しかし反対に、あらゆる出来事が必然的であるという論理は、すべては機械的に（あるいは神の意志によって）決定されているという決定論に行きつく。そこでは、必然的秩序に人間的自由が入り込む余地はなくなる。一生のうちに起こりうるすべての出来事が、あらかじめどこかに記載されているとしたら、ロマンもセンチメントも消失し、残るのは目の前を流れていく一群の出来事に対する無力だけではないだろうか。

偶然性と必然性は、実存感覚に深く関わっている。私たちは世界と生に絶対的な根拠があってほしいと望むが、充足理由律と実在的必然性を断念する以上、近代以前の素朴な独断的形而上学に戻ることは許されない。ならば、理性は世界の理由の不在にどう対峙するのだろうか。偶然性に抵抗する可能性は私たちに残されているのだろうか。

理性の復権

思考と存在の相関関係の絶対性を主張する相関主義は、祖先以前性と信仰主義という二つの問題にぶつかった。その問題の本質は、理性の不能性である。物自体を否定することで、いまや理性は《大いなる外部》を失い、世界の事実性の前で立ちすくんでいる。世界がこのようにあることの理由の不在を目の当たりにして、理性は自身の有限性を痛感するのである。

しかし、よく考えてみよう。その事実性それ自体を「絶対的なもの」についての知とみなすことはできないだろうか。すなわち、理由の不在は私たちの思考の限界を示すのではなく、理由の不在それ自体を存在者の究極の特性と考えることはできないのか。

> 事実性は、あらゆる事物そして世界全体が理由なしであり、かつ、この資格において実際に何の理由もなく他のあり方に変化しうるという、あらゆる事物そして世界全体の実在的な特性として理解されなければならないのである。私たちは、理由の究極的不在――これからそれを非理由〔irraison〕と呼ぶことになる――は、絶対的な存在論的特性であり、私たちの知の有限性の印ではない、と考えなければならない。（メイヤスー 二〇一六、九四頁）

高次の理由（＝神）が不在であるということは、あらゆるもの――世界のすべての事物と法則――が別様になりうるということを意味する。しかし、このことは、偶然性に対する理性の敗北ではなく、むしろ積極的な理性の洞察とみなしうる。つまり、メイヤスーは物の見方を逆転させるのだ――これまで理性の有限性に結びつけられていたものを、理性の優れた能力の結果として捉えなおし、理由の不在それ自体を絶対的な存在論的特性と考えるのである。

ここで「別様である可能性」が、「私たちにとっての可能性」なのか、それとも「即自的なものの可能性」なのかは明確にされねばならない。それが前者の意味である場合、結局のところ「相関主義」＝「人間中心主義」を乗り越えられないからだ。したがって、それは後者の意味であることを示す必要がある。メイヤスーは次のような場面を考えることで、「別様である可能性」が「即自的なものの可能性」であることを証明しようとしている。

まず、死後の世界について語る二人の独断論者を想像してほしい。一人（キリスト教の独断論者）は、死後の世界における私たちの存在の存続を主張し、もう一人（無神論者）は、私たちの存在は死によって完全に消滅するという主張を支持している。この二つの素朴な独断論者に対して、相関主義者はこう言うはずだ。〈私〉という相関者がすでに存在しないはずの死後の世界の即自について語ることは矛盾である。存在はつねに〈私〉の思考にとって現われるのだから、もはや〈私〉が存在しない世界（＝死後の世界）の即自という観念自体が不合理なものだ、と。

ところが、そこに主観的観念論者が介入してきて、三者の立場はすべて矛盾したものだと指摘する。二人の独断論者の想定は論外だが、相関主義者も〈私〉が存在しないという想定をしている点で矛盾している。なぜなら、〈私〉が存在しないということを〈私〉は思考することができないはずだからである。そして現に〈私〉は思考しているのだから、〈私〉が存在しないという想定は自己矛盾になるしかない。すなわち、〈私〉は〈私〉を存在するものとしてしか思考できない。ゆえに、〈私〉は存在し、〈私〉の精神は不死である——こうして主観的観念論者は死を無化するのである（私は私の非存在を考えることができない）。

さて、「永遠の世界」と「虚無の世界」（二つの独断論）、「精神の不死」（主観的観念論）に対して、相関主義はどのように対抗するだろうか。それは次のようになされるだろう。たしかに主観的観念論者が言うように、〈私〉の非存在がどのようなものなのかについて、〈私〉は直接思考することはできない。しかし、にもかかわらず、〈私〉の非存在の可能性についてなら思考し語ることができる、と。

ここで最後の介入者が登場する。思弁的哲学者である。思弁的哲学者は、相関主義者の依拠する「別様である可能性」それ自体は、決して相関的なものではなく、実は「絶対的なもの」なのだと主張する。〈私〉の状態は他のどんな状態にでも変わりうる、という絶対的可能性に依拠することなく、相関主義者は主観的観念論者を論駁することはできない。だとすれば、「別様である可能性」それ自体は相関主義的なものではありえない。それはいかなる場合にも成立する可能性であって、〈私〉の非存在の可能性すら含意しているからである。すなわち、〈私〉の非存在の可能性を含意する「別様である可能性」を、〈私〉の思考に相関する仕方で思考することはできないのだ。

思弁的哲学者によって、「別様である可能性」は「私たちにとっての可能性」ではなく、「即自的なものの可能性」であることが証明される。死後の世界に関するあらゆる説はどれも同列の仮説にすぎない、と相関主義者は主張するが、実際には「別様である可能性」それ自体を絶対化することなしに、即自存在についての言説を脱‐絶対化することは不可能なのである。「別様である可能性」の絶対性だけが、独断主義者と観念論者に対する相関主義者の反論を可能にしている。だから、五人のうち思弁的哲学者だけが正しいことになる。

ならば、こう言えるだろう――「いかなるものにも、今そうであるように存在し、そのようであり続ける理由はないのであり、すべては、いかなる理由もなく今そうであるようではなくなりうるのでなければならない、そして／あるいは別様になりうるのでなければならない」（同書、一〇五頁）。これは「非理由律」の絶対的真理である。すなわち、あらゆるものは絶対に偶然的であるということは必然的である、とメイヤスーは主張するのだ。

注意すべきは、ここでの偶然性は単に「すべては移ろいゆく」ということを意味しないことである。何でも起こりうるが、何も起こらないかもしれない。変わるかもしれないし、変わらないかもしれない。偶然性とは、非存在の可能性を意味するのではなく、あらゆる可能性に開かれた純粋な可能性である。そして、「偶然性の必然性」こそは、理性によって定立された「絶対知」なのだ。

相関主義者は論理的には「理由律」を否定しながら、どこかで存在には根拠や理由があってほしい、と考えてしまっている。だから、相関主義者の理性は、世界の事実性を前にして有限性に打ちのめされる――「所詮、私のような者には世界の究極の根拠は知る由もないのだ」と。それに対して思弁的哲学者は、思考を理由律の外部に向かって解放する。「偶然性の必然性以外には何もありえない」と理由律への最後の憧憬を噛み殺すのである。

いまや理性はかつての力を取り戻しつつある。理性それ自体の論理によって、思考と存在の相関性の外部にアクセスする可能性が開かれたのだ。「いかなるものにも、今そうであるように存在し、そのようであり続ける理由はない」とする理性は、近代哲学の理性とは異なる、まったく新しい思弁的理性である。メイヤスーによる「高さ」の探究は、こうしていよいよ本格化していく。

ハイパーカオスとその条件

思弁的理性は「偶然性の必然性」を「絶対的なもの」として把握し、相関主義的理性の不能性を積極的な知の形式に転換した。しかし、私たちが獲得した絶対者は——善悪の秩序を保証する伝統的な神に比べると——何もかも意のままにできる破天荒なカオスのようではないか。メイヤスーは思弁的理性の推論で獲得された絶対者を「ハイパーカオス」と呼び、その性質をこう書いている。

> かくして絶対者のほうへと開かれた裂け目を通して見れば、そこに発見されるのはむしろ恐るべき力である——それは秘められた何かであり、あらゆる事物も世界も破壊できるものである。〔…〕それはデカルトの神に匹敵する《全能性》であり、あらゆることを起こせる、考えもつかないことまで含めて。しかしこれは、他の神的な完全性から独立した、いかなる規則もなく無差別なる《全能性》である。この《全能性》には善性も狡知もなく、判明な観念の真正さを思考に保証してくれることはない。（メイヤスー 二〇一六、一一一頁）

たしかによく考えてみれば、「別様である可能性の絶対性」とはトリッキーな言い方だ。「あらゆるものが別様でありうる」という言明は、「確実なものなど何もない」という言明に等しいように聞こえる。またこの絶対者は、メイヤスーが基礎づけようとする、即自的なものを記述する数学の客観性ともほど遠いように思われる。むしろ、ある日、何の意図もなしに数学の客観性を転覆するのがハイパーカオスではないだろうか。いかなる規則もなく無差別なる《全能性》だけが存在する。とすると、破天荒な《全能性》を理性的に把握したという自負心しか私たちには残らないのだろうか。

ところが、一切が可能であるはずのハイパーカオスにおいて、唯一不可能なものがある。それは必然的な存在者を生み出すことである。というのも、偶然性の必然性とは、まさしく必然的な存在者の不可能性を意味するからだ（存在者の偶然性が必然的なのであって、存在者は必然的ではない）。

この条件を利用して、私たちはハイパーカオスの《全能性》以外の必然性に辿り着くことはできないだろうか。つまり、あらゆるものは偶然的であるとただ言い続けるのではなく、ハイパーカオスの《全能性》から出発して、ハイパーカオス以外の必然性を手にするのである。とはいえ、ハイパーカオスは存在者のすべてを偶然性の条件下におく究極のメタ原理である。そのようなメタ原理以外の必然性を探すとなると、ハイパーカオスそれ自身の自己限定の可能性を探すしかないだろう。ハイパーカオスより上位の法（高次の必然性）は存在しないのだ。

つまり、こういうことだ。どのような存在者も必然的ではありえないということは、ハイパーカオスが何らかの条件に服することを意味する。その理由は、まったく何の条件もない場所では「必然的な存在者」が生起してしまうからだ。かくして、あらゆる存在者を偶然性の法則にしたがわせるための条件こそ、いま探している必然性であることになる。

このような動機に導かれてメイヤスーは、「必然的存在者は不可能である」と「存在者の偶然性は必然的である」という二つの存在論的言明から、「無矛盾律」と「ある」の必然性を証明しようとする。それぞれ証明の要点だけ確認することにしよう。

まず、矛盾した存在者は絶対に不可能であること（＝無矛盾律）の証明は次のようになされる。矛盾した存在者が存在する、と仮定してみよう。矛盾した存在者は「存在するものは存在しない、かつ存在しないものは存在する」という命題を真にする。だとすれば、矛盾した存在者は、存在する場合でも存在しないことを、また存在しない場合でも存在することを含意する。私たちが最初に置いた仮定は、「矛盾した存在者は存在する」というものだった。ところが、よく考えると、矛盾した存在者は矛盾しているのだから、それは存在しない場合でも存在する。つまり、矛盾した存在者は「存在しないこと」をそれ自身の存在に含みながら、永遠に存在し続けることになる。

だが、この存在者は生成変化することができない存在である。というのも、矛盾した存在者にとっての「他者」は、矛盾した存在者それ自身であるから。矛盾した存在者は、矛盾した存在者でありながら、矛盾した存在者ではなく、「一者」と「他者」を同時に含むような存在者なのだ。こうして、矛盾した存在者は「かくかくしかじかの存在である、あれではなくこれである」という存在者の根本的な規定を破壊してしまう。同じでありつつ違うということを共存させるのが矛盾した存在者であり、それがAからBに変化することはありえない（矛盾した存在者においては、AはBを含み、かつBはAを含んでしまっているから、AやBを異なるものとして規定することがそもそもできない）。

存在するものが別様でありうる（生成変化しうる）ためには、存在するものは何らかの仕方で規定されていなければならない。そして、そのためには（あらゆる規定を破壊する）矛盾した存在者は存在してはならない。「こうして無矛盾律は、何か固定した本質性を示すのではなく、存在論的な意味としては偶然性の必然性、言い換えれば、カオスの全能性なのだとわかるのである」（同書、一二一頁）。したがって、「無矛盾律」は偶然性の必然性の条件となる必然性の一つである。「理由律」の背理は「無矛盾律」の真理を導くとも言えるだろう。

次に、「ある」（＝即自的なものの領野）の必然性についての証明、すなわち、世界それ自体は生命滅亡後も存続することの証明に移ろう。これは「プロローグ」で扱ったハイデガーの問い「なぜ一体、存在者があるのか、そして、むしろ無があるのではないのか？」に関わっている（この問いを初めて提起したのはライプニッツだが、彼は理由律を起動することでこの問題を解決しようとした）。「ある」の必然性を証明するにあたって、メイヤスーは二つの観点をあらかじめ否定している。

(1)「形而上学の観点」――究極の理由に訴えることで、この問題を解決しようとする。第一原因や神によって即自存在を擁護しようとする観点。

(2)「信仰主義の観点」――理性的な言説の外部で即自存在を証明しようとする。存在を奇跡の顕現とみなし、それに驚嘆するだけの観点。

理性的推論のみで世界が即自存在であることを証明するには、「非理由律の弱い解釈」（＝もし何かが存在するのだとしたら、それは偶然的でなければならない）ではなく、「非理由律の強い解釈」（＝事物は偶然的でなければならず、かつ、偶然的な事物が存在しなければならない）を正当化する必要がある。

メイヤスーは「非理由律」を「事実論性の原理」とも呼んでいるが、ここで私たちは「事実論性の原理」には「非理由律の弱い解釈」だけに依拠して同意することができる。というのも、「もし何かが存在するなら、それが偶然的であるのは必然的である」という命題だけで、「事実論性の原理」に同意することは原理的に可能だからである。

さて、「ある」の必然性を証明するには、「もし何かが存在するなら」という仮定（＝「弱い解釈」）では不十分であり、「偶然的な事物は存在しなければならないこと」（＝「強い解釈」）を証明する必要がある。「弱い解釈」だけが妥当だと仮定してみよう。すると、事実的な事物が存在することは、一つの偶然的事実であって必然的ではないことになる。「弱い解釈」では、事実的な事物は存在しなくてもよいからである。この場合、事実性それ自体も一つの偶然的事実になってしまう。なぜなら、もし何も存在しないとすれば、そもそもどのような存在者も事実的ではありえないし、したがってそこにはいかなる事実性もありえないからである。

だが、よく考えてみると、「世界には何も存在しないこと」を、事実性の絶対性に依拠することなしに想定することは不可能である。言い換えれば、世界の非存在の可能性は、偶然性の必然性を必ず要請する。先ほどの二人の独断主義者と一人の観念論者に対する相関主義者の反駁を思い出そう。相関主義者は「別様である可能性」それ自体を絶対的に必然的なものとすることで、死後の世界についての三者の論を斥けたのだった。あらゆるものは別様でありうることの絶対性だけが、〈私〉の非存在の可能性について〈私〉が思考することを可能にするのだ。

要するに、こうなる。何の理由もなしに世界が現にこのように存在し、またそれは別様にも変化しうること（＝事実性）の絶対性を疑うことは、事実性の絶対性それ自体に依拠することなしには不可能である。つまり、あらゆる存在者は別様でありうるが、あらゆる存在者は別様でありうるということだけは絶対に必然的でなければならない。「弱い解釈」は「世界には何も存在しない」という可能性を含意し、結果として事実性を一つの偶然的事実にしてしまうが、事実性が偶然的であることは原理的にありえない。だから、事実性の絶対性を保証するためには、偶然的な事物が「ある」のは必然的である。メイヤスーはこのように主張する。

したがって、「事実論性の原理」を首尾一貫して主張するためには、「強い解釈」を支持するしかない。「事実論性の原理」は、「あらゆる事物の事実性それ自体は偶然的な事実のひとつとしては思考されえないこと」を意味するのだから、事実性を一つの偶然的事実としてしまう「弱い解釈」ではダメなのだ。

「無矛盾律」と「ある」の必然性についての証明は、実際にはもう少し複雑な仕方で行なわれている。また、これらの思弁的証明は難解であり、メイヤスーの議論を追うだけでも一苦労だろう。証明の妥当性については『有限性の後で』を各自で検証してみてほしいが、私たちにとって重要なのは、メイヤスーがどこまでも思弁的理性の推論のみによって、ハイパーカオス以外の必然性に到達しようと試みていることである。理性の規則にしたがえば、私たちはささやかだが「絶対的なもの」を獲得できる。理性への信頼——メイヤスーの思弁的唯物論は哲学の新しい可能性であると同時に、哲学の王道への回帰を予感させるものだと感じられないだろうか。

3　亡霊のジレンマ

「数学の道」と「来るべき神の道」

『有限性の後で』では、ハイパーカオスの《全能性》から「無矛盾律」と「ある」の必然性を引き出した後、メイヤスーの考察は、「ヒュームの問題」(同様の条件下で、同一の原因が同一の結果を引き起こすのは可能か)の検討をはさんで、数学の絶対性の擁護に向かう。自然科学が「自然の数学化」(詳しくは、第Ⅲ章を参照)によって、即自的に存在する対象や出来事に接近したのに対して、哲学は相関主義的枠組みにいまなおとどまっている。『有限性の後で』の後半部で歩まれた道を「数学の道」と呼んでおこう。

メイヤスーは「数学の道」で哲学と数学の関係を根底から問い直し、数学の客観性を哲学的にどのように基礎づけることができるか、というデカルト以来の主題を再び取り上げている。これは、かつてカントやフッサールも自覚的に取り組んだものであり、人文科学と自然科学を「普遍認識の可能性」という共通テーマの下に統合しようとする試みでもある。カントやフッサールとは異なり、メイヤスーは「祖先以前性」という新しい難問にも直面しており――『有限性の後で』において決定的な解答は出されていないとしても――「数学の道」で提起された問いは、今後の哲学にとって本質的なものだと言えるだろう。

ところで、本書では「数学の道」ではなく、ハイパーカオスから引き出されるもう一つの道を辿ってみたい。この道を「来るべき神の道」と呼んでおこう。それは、メイヤスーが博士論文『神の不在』で取り組んだ主題である。一九九七年に提出されたこの論文は、現在も出版に向けて改稿が続けられているらしいが、二〇〇三年の時点の改訂版の一部がハーマンの英訳で公開されている。以下、ハーマンの英訳と「亡霊のジレンマ」という論文を手がかりにして、「来るべき神の道」の現代的意義を考えてみたい。

「数学の道」に比べると、「来るべき神の道」はメランコリーの時代の実存感覚により深く共鳴する。そのテーマは「正義」と「不在の神」である。具体的考察に入る前に、まずは物自体と間主観性について改めて考えることで、メイヤスーのモチーフをより明確にしておこう。

物自体と間主観性

「物自体」と「間主観性」(複数の主観のあいだの認識の共通性)に対するメイヤスーの態度を理解すると、彼の関心の中心が「広さ」ではなく「高さ」にあることが読みとれる。もちろん、だからといって、メイヤスーは「広さ」(普遍性)をどうでもよいものとみなしているわけではない。これまで見てきたように、メイヤスーは相対主義的信仰主義に対して、思弁的理性の普遍性を対置させているからだ。

しかし同時に、メイヤスーにとって「間主観性」だけでは不十分であることはたしかである。そして、この事実は私にこう告げる——現代に生きる者、すなわちメランコリストにとって、「広さ」の可能性だけではもはや足りないのかもしれない、と。たとえ共時的な「広さ」を取り戻せたとしても、なにか取り返しのつかないものが人間の歴史と私たちの実存感覚にはすでに入り込んでしまっているのではないか……メイヤスーはそう問いかけてくるのだ。

先述したように、カントは「現象」と「物自体」を区別して、物自体は思考可能だが認識不可能であると主張した。私たちに認識できるのは現象としての物だけであり、物自体を直接参照することはできない。物自体は現象を可能にするものとして現象の背後に控えているが、私たちにその姿を直接現わさないからこそ、それはある仕方で認識の「高さ」を作り出している。

カントの「現象」と「物自体」の区別を、認識論的に——超越論的問題として——追いつめたのはフッサールの現象学である（私たちはニーチェやウィトゲンシュタインがカントの批判哲学を相関主義としてラディカルにしたことは知っている）。フッサールはこう考えた。カント哲学の「物自体」は、主客一致の認識問題（主観は客観それ自体を認識できるのか）を解決するという観点からは余計なものだ。というのも、物自体という観念が残ることで、物自体の認識の可能性をめぐって理説の対立が続くからである。信念対立を調停しつつ普遍認識の可能性を確保するには、物自体については判断を保留して（＝エポケー）、〈私〉に現われる現象と〈他者〉に現われる現象に共通する本質構造を記述するしかない。つまり、「物自体」ではなく「間主観性」の現象学が新しい普遍認識の道をつける、とフッサールは言うのだ。

> 世界の存在の意味、特に客観的なものとしての自然の存在の意味には、〔…〕〈万人にとってそこにある〉ということが含まれている。そしてそれは、私たちが客観的な現実について語るときに

は、常にともに思念されていることなのだ。（フッサール 二〇〇一、一六七頁）

客観的現実は、〈万人にとってそこにある〉ということを含んでいる。誰にとっても同じように存在することが、現象学的に考察された「客観性」の意味なのだ。したがって、現象学は物自体という概念装置を必要としない。そこでは〈私〉と〈他者〉による世界確信の条件の共有性だけが問題になるからである。

誰にとっても同じように存在することは、言うまでもなく「広さ」を作り出すだろう。もちろん、リンゴと正義では間主観的普遍性にいたるための条件も異なるし、普遍性を獲得するための難易度も変わってくる。しかし、いずれの場合も現象学の基本方針は一貫している――「私にはそう見える」から「私たちにはそう見える」に向かって考察を進めるのである。

だが、メイヤスーは「間主観性」を相関主義の一形態として批判し、あくまでも「物自体」を擁護する。メイヤスーはこう述べる。

相関主義的コギトは、厳密な意味での独我論的コギトではなく、むしろ「コギタームス」〔私たちは思考する〕である。なぜならそれは、科学の客観的真理を、諸々の意識の間主観的な合意にもとづいて設立するからだ。しかし、相関主義的コギトもまた、いわば「種の」ないし「共同体の」独我論を形成する。なぜならそれは、思考する存在者たちの共同体にとって以前／以後の現実を思考することの不可能性を確証するからである。この共同体はもはや自分自身にしか関わら

ない。また、それと同時代の世界にしか関わらないのである。（メイヤスー 二〇一六、八九―九〇頁）

この一節を素直に読めば、相関主義と祖先以前性の文脈で読むことができる。相関主義的コギトの複数性を前提したとしても、結局それでは生命以前の存在を文字どおりには肯定できませんよね、というように。すなわち、思考と存在の相関性が、複数の思考と存在の相関性になったところで、祖先以前的言明を無条件に肯定することはできない。

しかし、「間主観性」ではなく「物自体」でなければならない理由に納得できない人も多いのではないだろうか。フッサールの立場で考えれば、科学的言明の客観性とは間主観的に誰もが洞察し納得できることである。もちろん、相関主義では祖先以前的言明を肯定できない、というのがメイヤスーの言い分ではある。そうはいっても、科学者が原化石から祖先以前的な出来事を分析する以上、科学者に与えられるデータと推論の間主観的妥当性が、自然科学の客観性の意味だと言うことも可能だろう。そして、複数の科学者に共有される祖先以前的な出来事の間主観的妥当性には、それが生命以前の出来事であるという信憑が存在していると考えれば、科学が生み出している客観認識について素朴なのは、むしろ科学者の方であることになる。あるいは、西垣通が指摘するように、科学者の方が科学的知見の間主観性には自覚的なのかもしれない（西垣 二〇一八、一一一頁以下）。哲学でも自然科学でも、科学の客観性が間主観的なコミュニケーションによって作り出されるものであることに同意する論者は少なくないのである。

ここで私は、メイヤスーの相関主義批判を論駁することを意図していないが、「数学の道」における「物自体」と「間主観性」の関係の考察については、さらなる検討が必要であることははっきりと言っておきたい。少なくとも私は——相関主義批判の意義は受けとりつつも——メイヤスーの言い方には違和感を覚える。

にもかかわらず、先ほどのパッセージは「数学の道」ではない別の文脈、すなわち「来るべき神の道」に置かれると、別の様相を呈してくる——そこでは間主観性の限界が露呈し、物自体が要請される理由が明らかになるのだ。「間主観性」ではなく「物自体」だという主張は、私の言葉では「広さ」ではなく「高さ」だという主張に等しい。すなわち、科学の「高さ」ではなく、来るべき神の「高さ」が主題化されるとき、メイヤスーが「間主観性」ではなく「物自体」にこだわる理由が明かされるのである。

亡霊のジレンマ

では、「亡霊のジレンマ」について考えてみよう。「来るべき神の道」の主題は「正義」と「不在の神」である。メイヤスーの問題設定はこうだ。現世を彷徨う亡霊が救われる可能性はあるか。一般に死とは取り返しのつかないものである。人は一度死んだら二度と蘇ることはない。もう決して戻ることが叶わないからこそ、遺された者は故人の死を悼《いた》み、いまは亡き人を弔《とむら》う。月日が流れてその喪失を徐々に受容する頃には、懐かしく故人を偲《しの》ぶことだろう。

悼むこと、弔うこと、偲ぶこと。しかしこれらのことが可能であるためには、死者の生前をどこかで肯定できている必要があるのではないか。人はみな死ぬ、だから死ぬこと自体はさして特別ではない。それでも、他には代えられない人を失うのは堪えがたい。対象喪失の経験は私たちにこう言わせる。「友人に恵まれてよい人生を生きたと思います」、「彼女はとても素敵な人でした」、「ええ、祖母は大往生でした」……。死者をめぐるディスクールで、私たちは死者の生をささやかに肯定することによって、死の不可逆性を受容し、故人を自らの生の一部とするのではないだろうか。葬儀は死者を死者の世界に統合させるための儀礼だが、服喪は本質的に遺された者のための過渡期なのである（ファン・ヘネップ 二〇一二、一八九頁以下）。

だが、その生を肯定することができない死者はどうなるのか。また、悲劇的な死が〈私〉の無力感と悔恨に深く結びついていて、悼むことも弔うことも偲ぶこともできない死の場合には何が起きるのだろうか。こういう場合、死者は死者の世界にも入れず、生者の世界に戻ることもできない。〈私〉はその死に対して責めありという感情を抱くだろう。不慮の死者たちは「亡霊」となって現世に存在し続け、遺された生者は亡霊の声に不断に苛《さいな》まれることになる。

真の亡霊、それは非業の死者たちである。早すぎる死、凄惨な死、子供の死、そして自分の子供たちが同じく死にゆく運命にあることを知りながら死んでゆく親たちの死等々。自然死にせよ、事故や殺人の場合にせよ、死を被った人々もそれを免れた人々も受け入れることができなかった死。真の亡霊とは、絶えず彼岸に戻ることを拒みながら、執拗に白布を脱ぎ去り、生者たちに対し、事実に反して自分の居場所はまだ彼らの内にあると告げる、そのような死者たちのこ

とである。彼らの最期は意味をもたず、全うされることがない。（メイヤスー 二〇一八、七七―七八頁）

「なぜお前だけが生きているのか？」――亡霊となった非業の死者たちは、彼岸に行くのを頑《かたく》なに拒み、いまも生存する〈私〉を審問してくる（嘉山 二〇一八から着想）。亡霊は最も危険な死者なのである。〈私〉は亡霊に応答しようとする。また、弁明し謝罪しようとする。ところが、非業の死の取り返しのつかなさは、一般的な意味での死の不可逆性に回収されることはなく、〈私〉の良心を絶えず責め立ててくる――「お前はまだ生きているのか？」と。

〈私〉は決断しなければならない――〈あなた〉は死んだ、しかし〈私〉は生きる、と。喪の過程は、〈あなた〉が〈私〉を向こう側から見守ってくれるという約束を与えるはずだった。ところが、喪が失敗に終わった亡霊の〈あなた〉は変わらず此岸に存在し、〈私〉は此岸の〈あなた〉を黙殺することに罪の意識を覚える――「なぜ〈私〉だけが生きているのか？」

死者の生前をささやかにでも祝福できず、彼らの最期に意味を持たせてやることができない場合、彼らは真の亡霊となって生き続ける。そこでは、死者を彼岸に送るための喪の儀式が実現されていないからだ。非業の死を遂げた亡霊の喪を「真の喪」とするなら、それは亡霊と共に死ぬことではなく、彼らと共に生きることだとメイヤスーは言う。つまり、それは亡霊にもう一度生を与えることである。

亡霊に生を与えるとは、文字通りの意味で現実に起きうる可能性を意味している。私たちの世界で死者が復活することはない以上、この可能性は（有限な）人間の可能性ではありえない。つまり、簡単に言ってしまえば、神のみぞなせる業ということになる。

メイヤスーの問題提起は、ふつうの人間の想像力を超えているが、深い絶望に陥った経験のある人なら、神との関係性においてしか報われない悲劇を理解できるはずだ。亡霊に生を与える可能性を現実化せんとするメイヤスーの姿は、キルケゴールの『死に至る病』の一節を想起させる。

可能性！　それによって絶望者は息を吹き返し、蘇生する。可能性なしには人間はいわば呼吸することができないのである。時には人間の想像の発明力だけで可能性が創り出されることもありうる、——だが結局は、神にとっては一切が可能であるということのみが救いとなるのである。すなわち結局は信仰が問題なのである。（キルケゴール 一九五七、六〇頁）

ほとんどの場合、生の途上で遭遇する困難は自分自身で何とか乗り越えることができる。自分だけではどうにもならなくても、他者との倫理的関係で解決されることがありうる。では、一切が可能である神との関係性でしか解消されないものとは何か。現実の倫理的関係を積極的になげうってでも、神との関係に入らざるをえないのはなぜなのか。具体的動機はさまざまにありうるだろうが、深い絶望が可能性を求め、しかもそれが人間的可能性の内側では決して実現されないものであるとき、論理的には「神にとっては一切が可能である」ことが、絶望者の究極の可能性となることは理解できるだろう。キルケゴールの「信仰」の可能性にメイヤスーは同意しないとしても、メイヤスーもまた「真の喪」の実現の条件を神の存在に託しているのだ。

ところが、「真の喪」の可能性の条件を追いつめていくと、一つのジレンマに突き当たる。それを「亡霊のジレンマ」とメイヤスーは呼ぶ。ここにあるのは宗教と無神論の二つの立場から現われる絶望のアンチノミーである。

(1)宗教の立場は神の存在を肯定する。もし本当に神が存在するなら、神は亡霊に正義と来世を約束できる。しかし同時に、全能の神が生前の彼らを見捨てたことは問題として残る。

(2)無神論の立場は神の存在を否定する。無神論者は非業の死を放置し許容した神を許さない。しかし神が存在しないなら、亡霊に正義と来世は約束されない。すなわち、亡霊がいつかもう一度生きる可能性はなくなる。

宗教も無神論も、それぞれ神の存在について妥当な見解を述べている。しかし、どちらの立場を選んだとしても、結局は「絶望」しか残らない。私たちに残されるのは、「亡霊を生じさせた神に絶望するか」、あるいは「亡霊の来世に絶望するか」、つまり「あれか、これか」だからだ。こうして「真の喪」の可能性は行き詰まる。

では、どうすれば「亡霊のジレンマ」を解消することができるのだろうか。言い換えれば、どのような条件が神の存在をめぐる絶望のアンチノミーを回避させるのか。その条件は、宗教と無神論の二者択一ではありえない。それは「神の不在」である、とメイヤスーは言う。

神の不在

「亡霊のジレンマ」を解消するには、(1)死者の復活可能性、(2)神が現実存在しないこと、という二つの条件を同時に満足させる必要がある。すると、「神はまだ存在しないが、やがて神は来る」という言明だけが「亡霊のジレンマ」を解消する道であることが分かる。すなわち、メイヤスーにおける「神の不在」とは、神が存在しないことだけではなく、やがて神が到来しうることも意味しているのだ。来るべき神は現世の（これまでの）惨事とは無縁であると同時に、非業の死者たちに正義と新しい生の可能性をもたらすだろう。

さて、ようやく私たちは偶然性の積極的な意味を取り出す地点まで来ている。偶然性に抵抗することとは、偶然性の必然性を洞察するだけではない――偶然性の必然性が「来るべき神」と結びついて初めて私たちは偶然性の真の意味を我がものとするのだ。

> 無神論者であることは、たんに神が存在しないと主張するだけではなく、神は存在し得ないとまで主張することであり、信仰者であることは、神の本質的存在〔l'essentielle existence〕を信じることである。すると、神の不在という主張が、そうした二者択一に対抗するためには、様相という観点において論争をもちかけなければならないことになる。というのも、神は可能である〔…〕と主張することが問題であるのだから。課題は、神と必然性（神は存在せねばならないか、神は存在してはならない）の間にある、無神論と宗教の連帯を暴き、神を潜在的なもの（神は存在

し得る）へと結びつけることである。（メイヤスー 二〇一八、八四―八五頁）

無神論者と信仰者はともに「必然性」の二者択一――神は存在してはならない／神は存在しなければならない――において神の存在論を展開するが、この二者択一こそが「亡霊のジレンマ」を帰結する。神の「必然性」に対抗するのは、神の「偶然性」である。すなわち、「神は可能である」とすることで「亡霊のジレンマ」は解消される。

しかし、神に存在するように強いることはできない。私たちの強制力を超越していることが「偶然性」の意味だからである。つまりこうだ。神は存在しうる、しかし私たちの意図とは無関係に。来るべき神は偶然的であるがゆえに制御不能なのである。ある日突然、神が存在しはじめる、そんなことが起こりうるのだろうか。論理的には可能だ、とメイヤスーは考える。

ハイパーカオスの議論を思い出そう。ハイパーカオスとは、いかなる規則もなく無差別なる《全能性》だった。もちろん、その《全能性》はハイパーカオスが自身に課す条件によって、一定程度は弱められている。だからこそ、メイヤスーは「無矛盾律」と「ある」の必然性を導き出すことができた。しかし同時に、思弁的理性は別様である可能性の絶対性に同意したはずだ。あらゆる事物とそれらを規定する法則は変化しうる。何の意図もなく世界は別様になりうることの絶対性を、理性は積極的な知とみなすのである。「このとき神は、いかなる法則にも従わないカオスの、偶然的で永遠に可能的な効果〔effet〕として思考されなければならないことになるだろう」（同書、九一頁）。

ところで、メイヤスーによると「不死とは生への哲学的欲望である」（Harman 2011a, p. 237）。それはこの生を何度でも生きたいという欲望であり、他でもないこの生こそが不滅であってほしいという切望でもある。たしかに宗教も不死を欲望するが、それはどこまでも信仰という非理性的な作用を通してであり、信仰主義は私たちの存在を外側から限界づける《全き他者》の存在を容認してしまう。ニーチェはキリスト教道徳に生の頽廃の徴候を嗅ぎとり、強者ではなく弱者こそが正しいとみなす転倒した奴隷道徳を嫌悪したが、不死の思想（＝「永遠回帰」）もこの生の肯定の感覚と共に望まれるときには積極的で健康的なものとなる。そして、「事実論性の原理」にしたがうなら、肉体の復活は論理的には可能なのである。

注意すべきは、正義とは「強者の論理」ではないことである。正義は非業の死を遂げた者のためにこそある。誰もが平等に生の偶然性と不死への欲望のあいだに存在するからこそ、非業の死は最も不平等なものになるのだ。

したがって、人間性を発揮する者、一切の理性的存在者に平等に共有されている条件の乗り越えがたい性質に考えをいたらせる者は、私たちの生が再び始まることを望むことだけが可能である。同輩を倒れさせた事実的な死を正義は凌ぎうるのだという仕方で。（ibid., p. 240）

正義は死を克服するものでなければならない。生と死の偶然の乗り越えがたさの共有性が、社会的ステータスという点では異なる人びとの平等を根底で支えている。生きて死ぬことの共通性は人間の根本的な平等であるはずなのに、私たちの世界には受け入れがたい死が存在し、世界は多くの亡霊を作り出している。死の不平等こそ、最も是正されるべき不正なのである。

　メイヤスーは肉体の復活が実現する世界を「正義の世界」と呼び、人間の復活を可能にする正義の世界だけが、打ち砕かれた生の不正を消し去って普遍的正義を可能にする、と主張する（ibid., p. 239)。そして、普遍性が普遍性であるためにはいかなる例外もあってはならず、正義の普遍性は、最近の死も大昔の死も、既知の死も無名の死も含めた一切の不正の是正を要求する（ibid., p. 241)。だからこそ、メイヤスーは「間主観性」ではなく「物自体」を擁護するのである。

　したがって、メイヤスーにおける「高さ」と「広さ」の関係をこう言うことができる――絶対的な神の高さだけが普遍的正義の広さを可能にする、と。だから、メイヤスーは高さだけを考えているわけではない。不在の神の高さを通して、普遍的正義の広さを思考しているのだ。メイヤスーが「間主観性」ではなく「物自体」に執着する理由、それはひとことで言えば、真の広さは絶対的な高さによってのみ可能だからである。私たちがどれだけ間主観的合意を作り出したとしても、過去に凄惨な死を遂げた亡霊たちが救われることはない。私たちがその死について（これまでも、これからも）知ることのない亡霊たちは、生者の合意によってはどうすることもできない。メイヤスーの思想の中心的なモチーフを、私はそう受け取っている。

　メイヤスーにおける「神」は、信仰によって信じられる「宗教の神」ではなく、思弁的推論によって洞察される「理性の神」だが、「神は存在しないからこそ、神を信じること」（ibid., p. 287）という逆説的なテーゼもまた、将来のある時点で突如として世界の法則が一変するかもしれない、という理性的洞察に基礎づけられている。しかし、すべては変わるかもしれないとすれば、新しい世界で人間がこれまで通り肉体と精神を持った人間として存在しているのかも分からないことになる。だから実のところ、メイヤスーの到達した「来るべき神」の特性も現段階では不明瞭な部分が多いと言わざるをえない。

私が希望をもつことができるとして、私には一体何を望むことができるのか。今新たに求め、愛することができ、模倣に値するであろう、そのような神とは何か。〔…〕この未来の、内在的な神は、人格的なものであるべきか、それとも「調和〔harmonie〕」――生者と死者、そして蘇った者たちの平穏な共同体――であるべきか。我々は、こうした様々な問いへの正確な応答が、考えられ得るものであり、無神論とも神学〔théologie〕とも手を切った、思考の本源的体制を規定すると信じている。これから構築されるべき、人間と、人間に取り憑く者たちとの新たな絆を織り成すことになるであろう、そのような神論〔divinologie〕を。（メイヤスー 二〇一八、九一―九二頁）

来るべき神について決定的なことは言えないとしても、「不在の神」の可能性だけが「亡霊のジレンマ」を解消する。そこにどれだけ不明瞭さがあっても、普遍的正義を実現するためにはこの論理的可能性しかない。ここがメイヤスーの賭けどころなのである。

生は絶対的な偶然性に絶えずさらされている。しかしだからこそ、そこに希望もあるのではないか。偶然の気まぐれは私たちを困惑させるが、徹底的に考えることで偶然性を我がものとし、それを飼い慣らす可能性はたしかに存在するのだ。

論理的な可能性は実存の希望になりうるか

以上見てきたように、メイヤスーの「思弁的唯物論」は、相関主義の論理を徹底することで相関主義を乗り越えようとする。強い相関主義の理性は、乗り越え不可能な事実性によっておのれの限界を思い知らされるが、思弁的理性は同じことがらを積極的洞察とみなすことで、偶然性の必然性こそが絶対的なものである、と宣言する。この絶対者は「ハイパーカオス」と呼ばれ、そこから「数学の道」と「来るべき神の道」が開かれる。本書は特に後者の道に光を当てた。「亡霊のジレンマ」を解消する条件は、死者の復活可能性と神が現実存在しないことである。したがって、不在の神だけがジレンマを解消し、普遍的正義を実現する、とメイヤスーは言う。

さて、私はメイヤスーの議論に対して二つのことを言っておきたい。一つは、相関主義批判について。観念論の立場からその妥当性をいま一度検証したい。もう一つは、メランコリストはメイヤスー哲学から何を取り出しうるのかについて。哲学の論理的な可能性と実存の関係について考えたい。

まず、一点目。相関主義は思弁的唯物論にとって——また思弁的実在論全体にとっても——肝要な概念の一つだが、その内実は明らかに多義的である。カント哲学がその中心モデルだが、変奏形としてフィヒテ、ヘーゲル、ニーチェ、フッサール、ハイデガー、ウィトゲンシュタイン、ドゥルーズなど、多彩な哲学が含まれる。「思考と存在の相関性にのみアクセスする哲学」という定義には、さらに多くの哲学が包摂されるだろう。

もちろん、これまでの哲学のありかたに一定の見通しを与えるという点で、メイヤスーの相関主義批判は成功している。その目的に照らせば、多様な哲学が相関主義の概念の下に一緒くたにされること自体はたいした問題ではない。ここで考えたいのは、相関主義哲学の積極的な側面である。すなわち、カントやフッサールの超越論的観念論の陣営が、相関主義の立場を（方法的に）取った理由を示してみたいのだ。

超越論的観念論の最も中心的な動機は、主客一致の認識問題の解明にあった。主観は客観に的中しうるのか。〈私〉は対象それ自体を把握できるのか。この問いを素朴に肯定するのは素朴実在論だが、カントやフッサールは客観それ自体を参照することはできないと主張する。デカルトが「方法的懐疑」で示したように——認識論的に厳密な意味では——主観と客観の一致を証明することはできない。いかなるメタ認識も〈私〉の認識であり、〈私〉は〈私〉の認識の外に出ることはできないからだ。つまり、〈私〉は〈私〉の外部から〈私〉の認識の妥当性を検証することはできないのである。

だとすれば、あらゆる認識は〈私〉の認識でしかないのだろうか。これでは相対主義になってしまう。反対に、〈私〉が自分の認識の正しさを強引に断定すると、認識の複数性を無視することになる。場合によっては、絶対的な正しさをめぐる深刻な理説の対立が起こるだろう。独断主義もうまくいかないのだ。

相対主義でも独断主義でもない仕方で、普遍認識の可能性をいかに確保するのか。あるいは、こうも言える——信念対立を調停しつつ間主観的な確証を創出する可能性はあるのか。これが超越論的観念論の根本問題であり、この問題を原理的に解明するために、カントは理性の可能性と限界を見定め、フッサールは現象学的還元の必要性を説いたのだ。

したがって、超越論的観念論の立場からすると、物自体の認識の可能性の復活は、物自体をめぐる理説の対立を帰結しないのか、ということが強く懸念される（岩内 二〇一九参照）。簡単に言ってしまえば、リスクがあるからわざわざ禁止にしたことを、思弁的唯物論は懲りずにもう一度やろうとしているようにも思えるのである。カントやフッサールは、主客一致の認識問題の解明という哲学的課題を自覚的に引き受けたのであり、彼らが相関主義の立場を採用したのには深い理由がある。だとすれば、相関主義をやめてもう一度、物自体を認識しようとすることには——たとえ、それが素朴実在論ではないとしても——理説の対立という哲学的リスクが存在することを念頭に置く必要があるだろう（もちろん、多様な考え方があるのはよいことだが、さまざまな考え方があるだけでは哲学は前に進めない）。

ところが、ここで近代哲学が作り出した「広さ」（間主観的普遍性）の代償として、人間は「高さ」を喪失したという事実に思想は対抗できているのか、そう問うならば、必ずしもそうとは言えず、その課題は現代哲学にまで持ち越されている。私がメイヤスーの相関主義批判に感じる「新しさ」はまさにこの点に関係している。

メイヤスーが取り戻そうとする《大いなる外部》とは、私たちが喪失した高さにほかならない。だから、相関主義批判は高さの喪失に無自覚であることへの批判を含んでいる。メランコリストはほんとうに広さだけで生きていけるのか。誰もが共有可能な意味や価値があるとして、それは超越性を作り出し、メランコリストの生きがいに結びつくのだろうか。

先に示したように、認識論的には問題を含むにせよ、メイヤスーの提起する問いが現代に生きる者の実存感覚に訴えるのは、他者との平坦なつながりだけでは生きる可能性を見出せず、対話を通じて相互了解を獲得できたとしても、「それが一体何になるのだ?」とメランコリストは思うからではないだろうか。「間主観性ではなく物自体へ」というテーゼは、メランコリストの欲望の状況を代弁しているからこそ、認識論的には疑問が残りながらも、私はメイヤスーの弁明にある種の説得力を感じるのだ。

次に二点目。メランコリストがメイヤスー哲学から引き出せるものは何か。メイヤスーは私たちにいかなる可能性を与えるのか。それはメイヤスーが高さを「信仰のディスクール」ではなく、「理性のディスクール」で探究していることに関係する。そこに、理性的に獲得された可能性は欲望の状況を変容させうるのか、という重要な問いを見出すことができるのである。

一九世紀ロシアの作家トルストイは、『懺悔』(一八七九―八二年)で自身の救いがたい苦悩をこう綴っている。

> 私の生活は停止した。呼吸したり、食ったり、飲んだり、眠ったりすることはできた。〔…〕が、そこにはもう真の意味の生活はなかった。なぜなら、これを充実させることが合理的だと思われるような、そうした希望がなかったからである。よしんば何かを望むようなことがあっても、その希望を成就したところで成就しなかったところで、所詮何にもならないのだということが、私にはあらかじめ分かっていた。(トルストイ 一九六一、二七頁)

財産、地位、家族、社会的名声……。生の一般欲望を実現した大作家トルストイの心には、それでもなお耐えがたい虚無が巣食っている。希望が成就したところで、それが何になるというのだ。成就してもしなくても、心の虚無は深まるばかりではないか。生きることはできる、しかし、ただ生きることに何か意味があるのだろうか。苦悶する晩年のトルストイにはニヒリズムとメランコリーが併存している。

理性は最期までトルストイを救わなかった。理性が洞察する有限と無限の抽象的な論理関係では、トルストイの実存は動かないのである。具体的で確実な手触りが――梶井基次郎が檸檬の「重さ」に見つけたような――理性的推論には欠けている。〈私〉の生は有限であり、神は無限である。論理的に考えれば、無限の至高存在である神のもとで〈私〉の絶望も救われるはずだ。ところが、そのような関係は実存の希望たりえない、とトルストイは吐露する。

結局、トルストイにとっての光は民衆の信仰心だった。神の存在証明をめぐる難解なスコラ議論とは無関係のところで、神に祈りを捧げる人びとがいる。世界が理性的かつ概念的に把握されればされるだけ、その内実が空っぽであることを悟ったトルストイの眼には、直接的かつ実直な信仰心はむしろ新しい可能性として映った。そうか、理屈ぬきに信じることもできるのか――民衆の信仰心はトルストイにカタルシスをもたらす。

さて、絶対者との関係における救済という点では、メイヤスーはキルケゴールやトルストイと同一線上にいるが、信仰に対して理性を死守しようとする点で、彼らとは区別されなければならない。論理的な可能性こそが実存を解放する、とメイヤスーは言うのである。

たしかにメイヤスーは神の存在を要請する。その事実に何かヨーロッパ・ローカルなもの（メシア救済）を読み取ることは難しくないだろう。しかし、メイヤスーは最後まで信仰主義を警戒している。神は偶然性の必然性という原理から論理的に導かれるものであって、信仰を媒介にして神と対峙するわけではない。つまり、考えることの可能性を手放さないのである。

この態度をメランコリーの文脈で考えてみよう。すると、こんなふうに言うことができる。欲望が動きにくくなったメランコリストは、考えることを放棄して動物化の可能性を待つだけなのか、あるいは考えることで実存の新しい可能性が開示され、もう一度、人間的情動が到来しうるのか、そのことが問題になるのである。

メランコリストにとって、動物化は一つの魅力的な可能性ではある。無我夢中に対象を貪ること、これが動物化の本質だからだ。國分功一郎が言うように、「退屈することを強く運命付けられた人間的な生。しかしそこには、人間らしさから逃れる可能性も残されている。それが〈動物になること〉という可能性」（國分 二〇一一、三三三頁）である（「エピローグ」で詳しく見るが、國分自身は手放しで動物化を称賛しているわけではない）。

だが、動物化という可能性の内部では、つまるところ、私たちは欲望にさらわれるのを待つことしかできない。どこに高さがあるかは分からない、だから世界のさまざまなヴァージョンに関与してみよう、というわけだ。そしてそのためには、物事を楽しむための知識や技術が必要である（ラグビーはルールが分かればさらに面白い）。動物化という可能性は素敵な可能性ではあるのだが、しかし同時に、一時的で対処的なものであることは否めない。

ニヒリズムとメランコリーは人間的な病である。おそらくメランコリストの猿は存在しない。世界を言語的に把握すること、死の観念を持つこと、過去と未来の幅広い時間性を生きうること、事象の根拠を洞察する能力を持つこと、メランコリーとはこういう条件が組み合わさらないと発症しない。だから、人間的であることから逃れることができれば、メランコリーは解決される。それはその通りなのだが、人間が人間的欲望を生きる存在である以上、そこから動物的に離脱するだけでは、いつまでも人間的な可能性は残り続け、それが気になってしまう。

メランコリストには人間的に生きる可能性はもはやありえない、ということがはっきりするなら、それはそれで動物化の可能性に賭けるしかないことになる。だが、そうできないのであれば、人間らしさを放棄することは問題を先送りすることにしかならない。

メイヤスーが「哲学すること」の可能性を最後まで手放していないという事実は、メランコリストの哲学に展望を与える。これからの世界に新たな「高さ」と「広さ」を創出する可能性を論理的に追求する道。こう考えれば超越項なしで広さを作り出せるはずだ、こういう場面に高さの可能性は隠されている。近代のはじめ、普遍的自由という新たな理念に向かって人間が解放されたように、私たちは新しい実存哲学を作り出せるはずだ。このことについては「エピローグ」でさらに考えてみたい。

今後の思弁的唯物論が、単なる形而上学的先祖返りになるのか、あるいは新しい「高さ」の哲学として展開されるのかは、慎重に見守る必要がある。それでも、メイヤスーが「不在の神」にまで辿り着いた軌跡は、徹頭徹尾、理性への信頼に支えられている。「理性こそがサバイバーズ・ギルトを癒す」——メイヤスーの主張をそうまとめてもよいかもしれない。

第II章

人間からオブジェクトへ

グレアム・ハーマン

いつのまにか、人間は人間の世界に閉じ込められた。人間的世界の内部で増殖するニヒリズムとメランコリーは、その外部の超越を必要とする。観念の内側にとどまるかぎり、「意味の無意味化」の連鎖を止めることはできない。理性は虚無を全体化し、あらゆる意味は虚無主義の全体性に巻き込まれる。そのとき、私たちは人間的意味を超越した意味を求めるのだ。

だが、私たちはほんとうに自分たちの世界に閉じ込められているのだろうか。たしかに人間は地球上の大地の大部分に足を踏み入れている。一切の光を拒む深海にすら、理性の光は到達するだろう。しかし、それで世界は完全に透明になるのだろうか。人間にとっての世界であれば、そうなるかもしれない。

人間の世界を探求する時代は終わりを迎えつつある。私たちは人間を離れてオブジェクトに向かう。「オブジェクト指向存在論」を提唱するグレアム・ハーマン（一九六八年生）は、人間にとって物はどう現象するのか、ではなく、人間とは無関係に存在する物自体の構造を描き出そうとする。そこには何らかの「高さ」の予感がある。いかなる人間も介入できない場所で、オブジェクトはオブジェクトにどう向き合っているのか、ということが主題になるからである。

オブジェクトそれ自体の探求は、哲学の批判から始まる。哲学はオブジェクトをオブジェクトとして見ることをしなかった。これまでの哲学はあまりに人間的すぎたのではないか。人間は人間の認識が作り出したドームの内部に住まうことで安寧を得たが、いまとなってはドーム内部の空気はよどみ始めている。オブジェクト指向存在論は、閉塞した現代のドームの天井に風穴をあける——そこから射しこむのは、物自体の光である。

1　オブジェクト指向存在論

物とシステムの自律性

本章ではグレアム・ハーマンが提唱する「オブジェクト指向存在論（Object-Oriented Ontology）」について見ていこう。「オブジェクト指向」とは、「オブジェクト（物）へと方向づけられた」という意味である。この概念をよく理解するために、まずは現代の時代感覚を描写することから始めたい。人間存在とその認識とは無関係に、それ自体で存在する「実在」を思考し認識しようとする現代実在論は、私たちの社会が直面しつつあるテクノロジーの弊害、とりわけ、ＡＩ（Artificial Intelligence）と人間の問題にも深く関係するからである（西垣 二〇一八）。どういうことだろうか。

たとえば、ＡＩをいち早く開発、導入したAmazonやGoogleは自律的に生きたシステムとなり、人間によって作られたシステムの側が人間を常に見ている（管理し監視している）という状況を作り出した。また、Facebookは集積した膨大なデータと利用者のアクセスの傾向から利用者の嗜好や知り合いをオートマティックに見抜くサービスを提供することで、科学の進歩を怪しげな占星術じみたものにしてしまった。ここでは、人間にとってのテクノロジーと、人間から離れて自律的に自己増殖するテクノロジーが並存する。AmazonもGoogleもFacebookも人間のために作られたシステムだが、システムの自律化は——それが本来、人間によってプログラムされたものだとしても——システムが人間を見ているというリアリティを強化し、人間がそこから疎外されているという表象を生むのである。

前章で見たように、一八世紀にカントによって立てられた認識の可能性の条件についての普遍的洞察という哲学的課題は、人間が物やシステムを見ている（人間は人間の認識装置を通じてしか対象を認識できない）という前提を持つ。カントにとって認識の可能性の条件は、イギリス経験論と大陸合理論の対立、言い換えれば、相対主義と独断主義の対立をいかに調停して普遍学としての哲学を構想できるか、という認識論上の歴史的課題と強く結びついている。何よりもまず、認識の構造の解明が、諸認識の対立の本質の解明にとっては不可欠だったのである。その哲学的重要性は明らかだが、先に示唆したように、私たちのなかには、物やシステムの側が人間を見ているのであって、人間がそれらを見ているのではない、という感覚もある。この奇妙な感覚は——差異の体系のシステムとして、あらゆる事象がオリジナルなきコピー（シミュラークル）に解消されるとしたポストモダン的予言を裏切って——むしろ、物とシステムの実在性を否応なく私たちに突きつけてくる。

しかし、実は、システム（資本主義）がそれ自体として自己準拠型の閉鎖的装置のように回りはじめ、そこから人間が疎外されるという表象自体は、新しいものではなく、マルクス主義に遡る古いディスクール（＝物象化）だとも言える。現代社会に生きる私たちにとって重要なのは、単にシステムから人間が疎外されているという古い表象ではなく、システム（ＡＩ）が人間の知能を超えて世界を一変させてしまうかもしれないという新しい可能性（＝シンギュラリティ仮説）、つまり、人間にはアクセス不可能な絶対的真理にＡＩが到達し、人間が取り残されてしまう可能性の方ではないだろうか。

人間にはアクセスできないとしても、未来のどこかのタイミングでＡＩにはアクセス可能になるかもしれない物自体。カント以来、ヨーロッパ哲学の前提になった物自体を認識することの不可能性は、そうして技術革新の新しい展開によって打ち破られるのだろうか。思考と存在の相関性からの脱却、物自体を認識する可能性の奪還、人間中心主義の棄却。現代実在論は、着実に迫るＡＩの時代を裏打ちする哲学という側面を有しているのだ。

ＳＦ映画でよく見かけるように物とシステムがほんとうに人間を支配しうるのかはさておき、私たちが物とシステムのリアリティを強く感じる時代に生きていることは疑う余地がない。ハーマンが「オブジェクト指向哲学」という概念を公的に使用したのは、イギリスのブルーネル大学で行なわれた一九九一年の講義だが（Harman 2010, p. 93）、「オブジェクト指向」という概念の由来がコンピュータのプログラミングであることも、オブジェクト指向存在論と現代の時代感覚の親和性を示唆している。このように（内容的には斬新な）オブジェクト指向存在論が比較的抵抗なく受け入れられていることには、それなりの時代的理由がある。だが、そもそも「物」とは一体何なのだろうか。

「物」の経験

デカルトが「精神」の「思惟」に対して、「物」の本性を「延長」と定義したことは比較的よく知られている。精神は考えることでさまざまな物を対象化するが、対象化される物は空間的な拡がりを有する。要するに、デカルトによれば、物の本質は空間の一部分を占めることである。

さらに、物は他のすべての物との物理的因果関係にある、ということも本質的特徴の一つではないだろうか。言い換えれば、物は他の物の物理的影響を受け、その影響関係は数学的に記述される。壁にコップを投げれば割れるし、机はパソコンを支える。このことは心と物を対比してみると、よりはっきりするかもしれない（心は肉体を媒介にして世界に関与する）。

ハイデガーの現象学的分析を手がかりにして、さらに考察を進めよう。ハイデガーは、物とはさまざまな「気遣い」に応じて現われる「道具存在」だと分析している。物は単に空間的な「延長」としてそこにあるのではなく、私たちの関心に応じてその意味を開示する。すなわち、物はそのつど特定の目的のために——手段性、有用性、利用可能性の連関として——おのれの「何」を与えてくるのだ。ハイデガーは、世界へと関わる存在である「現存在」（人間）の機構を「世界内存在」と呼び、次のように書いている。

> 世界内存在とは、これまでの学的解釈にしたがえば、道具全体の道具的存在性にとって構成的な諸指示のうちに、非主題的に配視的に没入しているということ、このことにほかならない。（ハイデガー 一九八〇、一六九頁）

現存在は、つねにすでに特定の関心のもとで世界に関わっており、周囲の世界はその関心に対する手段‐目的の連関として現象する。前章で見たニーチェとユクスキュルの議論を思い出せば、言っていることはそんなに難しくはないが、具体的なイメージをいま一度摑むために、私の目の前に広がる現在の状況を描写してみよう。

　いま私は自室でこの文章を書いている。妻に買ってもらった机はシンプルだが丈夫で、横に簡単な本棚を据えつけてあるところが気に入っている。哲学の師匠には、哲学するうえであまり品質のよい椅子を使ってはならないと言われているが（座り心地がよすぎると考えられなくなるから）、やはり椅子に座っていることが長いので、師には内緒で少し高い椅子を使っている（実際、たまに眠ってしまう）。パソコンの裏側ではスクリーンに寄り添うように飼い猫のシェーラーが寝ている。パソコンの横にある三〇センチくらいのUSBケーブルはスマートフォンを充電するためには手頃な長さだ。パソコンにもスピーカーがついているが、音楽を聴くときにはリュックに入っているハイレゾ対応のイヤホンを使う。頻繁に使う辞書は手の届く右手の本棚に並んでいる。リュックの持ち手は腕時計をくくりつけておくのにぴったりで、私はいつもそこに妻のお父さんからもらった腕時計をつけている。

　私は普段から特別に意識することなくこれらのことに慣れ親しんでいるが、机、椅子、パソコン、USBケーブル、スマートフォン、辞書、イヤホン、リュック、腕時計といった物は、私が快適に仕事をする「ために」それぞれが互いに連関しながら「……として」存在していることが分かる。

　一般に、私たちの周囲の世界は物で溢れているが、それらの物は私たちが使用したり、利用したり、消費したりするために存在しているのだ（ここで猫のシェーラーと対比してみると物の特性をよく理解できる。先の描写でシェーラーだけは手段性、有用性、利用可能性から外れている。シェーラーはもう一つの関心の中心なのだ。シェーラーにとってはスクリーンの裏側がお昼寝に手頃な場所として存在している）。物は〈私〉にとって有用な何か「として」現象する。体験を反省してみれば誰でも同じ構造を取り出せるはずだ。

では、物を客観的に——つまり脱パースペクティヴ化された仕方で——物そのものとして把握することはできないのだろうか。すぐに思いつくのは自然科学だろう。自然科学は物をそれ自体として認識しているように思える。自然科学の記述では、対象は数学によって精密に規定されるからだ。たとえば、水（H_2O）は水素原子二つと酸素原子一つが組み合わさったものであり、それ以上でも以下でもない。それを誰が見ようと、Hが二つでOが一つであることに変わりはないはずだ。それゆえ、自然科学はあらゆるパースペクティヴから独立しているように思える。

ところが、実際には自然科学も特定の関心のもとで——たとえば、ビーカーのなかに入った液体はいかなる原子配列で構成されているのかという関心のもとで——物を記述する。それは特定の観点を前提にした記述の体系なのである。しかしそのことは自然科学の客観性と矛盾するわけではない。未知の現象を客観的に首尾一貫して説明することが、そもそも自然科学の関心の中心だからである。自然科学の客観性の条件については次章で詳しく考察することにして、先に進もう。

物の意味は気遣い相関的に現われるとすれば、ハイデガーの「気遣い－道具存在」というスキーマは相関主義の一種であることが分かるはずだ。だが、物は「道具存在」という概念で汲み尽されるのだろうか。別の言い方をすれば、すべての物は役に立つ「道具」としてのみ現われるのだろうか。次に、ふつうはあまり経験することのない物の様相を描写してみよう。

異様な「物」の経験

深夜に鏡をしばらくのぞき込んでいると、鼻や口が奇怪な穴に見えてくることがある。どうしてこんなところに穴が空いているのだろうと考えていると、顔全体が途方もなくグロテスクに思えてくる。普段から見慣れているはずの自分の顔なのに、途方もない醜怪な物に見えてくるのだ。これは顔の一般的な「意味」が剝奪され、(物としての) 顔の「存在」が露呈する経験である。

ふつう、私たちは自分の顔を鏡で見るときには、ひげの剃り残しがないか、口の周りにケチャップがついていないか、目に黄疸はないか、前髪はきまっているか、といった関心を持っている。自分の顔を見る場合の関心は、他者の視線、健康管理、美意識などいくつかに決まっているだろう (ナルシシズムのような極端な例もあるが)。

深夜に鏡をじっとのぞき込むという体験は、日常的な意味を剝ぎ取られた物としての顔を顕在化させる。類似する体験は他にもあって、たとえば、便器を芸術作品にしたマルセル・デュシャンの《泉》のように、物が生の一般コンテクストから離れた別のコンテクストに置かれると、超越性の感じを与えてくることがないだろうか。あるいはまた、欲望の状況によっては――たとえば、疲労した精神が回復に向かおうとするときに――街路樹に宇宙の不思議を垣間見ることもある。消しゴムをぼおっと見ていると、あたかも物が私に無関心であるかのような体験もする。すなわち、人間と物の関係の一般性から外れると、物の「高さ」が垣間見えるのである。

サルトルは『嘔吐』(一九三八年) で、自意識が肥大化した主人公アントワーヌ・ロカンタンの「吐き気」の感覚をこう描写している。

私ははっきりと思いだす。いつか海辺にいて、あの小石を手にしていたときに感じたことを。それは甘ったるい吐き気のようなものだった。どんなにかそれが不愉快だったろう。そう、それはあの小石が原因だった。私は確信する。それは、手の中の小石から移ってきたのだ。そうだ、それだ、たしかにそれだ。手の中にあったいわば吐き気のごときもの。（サルトル 一九九四、二〇頁）

ほんらい物は人間に使用されるはずなのに、ロカンタンは小石が手に触れてくると内言する。〈私〉を中心とした実存の視線を、物の側が拒むのである。どこにでもあるふつうの小石が、孤独な実存者に接触してくる。そこでは小石の実存がロカンタンの実存に拮抗している。物はその意味を剝ぎ取られ、「淫猥な裸形の塊」だけが残される。そのことに彼は眩暈《めまい》に似た吐き気を覚える。ロカンタンはその吐き気をうまく説明することができない。あえて言えば、あらゆる存在は必然ではなく偶然的存在であり、この事実は絶対的な不条理である、それを理解する者だけが吐き気を感じるのだ。

要するに、異様な物の経験の本質は、人間と物の関係の一般性からズレて物を見ることである。深夜の顔のゲシュタルト崩壊にせよ、不条理に対峙するロカンタンの吐き気にせよ、物が道具以外の仕方で現われるのは、物が生の日常的関心から外れる場合、別の観点から言えば、〈私〉の関心が非日常的なものに変容する場合である。

ここまでの議論をまとめよう。物は単に延長としてそこにあるのではなく、私たちの関心に対して有用なものとして存在する。ときに物は異様な——美的な、グロテスクな、崇高な、不思議な、不気味な、解放的な、奇怪な――一面を見せる。この場合の物の認識は、人間と物の関係の一般性から外れている。しかしいずれの場合も、物の人間に対する関係が中心になっていることに変わりはない。たとえ日常的な気遣いから離れて物の物性が顕在化しても、あくまで〈私〉に対してであり、〈私〉に与えられる印象や情動がそこでのテーマになるのが通例である。

ところが、ハーマンは物をまったく違った仕方で考える。

オブジェクトと人間／オブジェクトとオブジェクト

説明しよう。ハーマンのオブジェクト指向存在論は驚くべきテーゼで始まる。オブジェクトと人間の関係だけでなく、オブジェクトとオブジェクトの関係も対等に扱おうと言うのだ。これは文字通りの意味で受け取る必要がある。ハーマンはオブジェクト指向存在論のマニフェストをこう書いている。

> 本書の目的は、〔…〕あらゆる対象とそれらが関与することになるあらゆる知覚的関係と因果的関係を語りうる形而上学を提起することである。私は本書で、人間と対象の間だけに関係の隔りがあるというカント以降の強迫観念を退け、綿と炎の相互関係が、人間と綿の相互関係や、人間と炎の相互関係と同じ土俵に立っていると主張する。（ハーマン 二〇一七、一四―一五頁）

これから見ていくオブジェクト指向存在論は、オブジェクトの形而上学を提起するが、それはオ、ブ、ジェクトとオブジェクトの関係と、人間とオブジェクトの関係は等根源的であるという前提のもとで考察される。すなわち、ここでは綿と炎の関係が、人間と綿や人間と炎の関係と同一のレベルで捉えられているのだ。したがって、オブジェクトを指向するとは、オブジェクトそれ自体に、そしてオブジェクトとオブジェクトの関係それ自体に向かうことを意味する。斬新な考えである。

現在、カンタン・メイヤスーやレイ・ブラシエは思弁的実在論からすでに距離を取っており、ハーマンのオブジェクト指向存在論が思弁的実在論を実質的に牽引している。だとしても、メイヤスーの相関主義批判が、思弁的実在論の理論的支柱になった理由は分かるだろう。ハーマンにとっては、人間と対象の相関関係を超克するために、そして、物と物の関係それ自体に哲学的探究を拡張するために、メイヤスーの相関主義批判は重要なのだ。

しかしあらかじめ述べておけば、ハーマンとメイヤスーは重要な点で意見を異にしている。メイヤスーの思弁的唯物論が、《大いなる外部》を取り戻すために相関主義を徹底化する戦略をとっていたのに対して、ハーマンのオブジェクト指向存在論は相関主義を拒絶し、思弁的哲学を人間から物の側に引き渡そうとする。だが、それにもかかわらず——このあたりの事情が現代実在論を分かりにくくしているのだが——メイヤスーが物自体にアクセスすることは可能である、と考えるのに対して、ハーマンは物自体への直接のアクセスは不可能である、としているのだ(Harman 2011b, p. 171／一一三頁)。このように真なる実在をめぐって生じる理説の対立と混乱を、私は現代実在論の大きな課題の一つだと考えているが、そのことについては別の場所で詳細に論じたので、本書ではこれ以上取り組むことはしないでおく(岩内 二〇一九参照)。

ハーマンの議論に戻ろう。オブジェクト指向存在論におけるオブジェクトとは何なのか。ここで注意すべきは、オブジェクトは物だけを意味しないということだ。ハーマンはオブジェクトの範囲に、ダイヤモンド、ロープ、中性子などだけでなく、軍隊や怪獣、四角い円、そして実在する国や架空の国の同盟をも含めている。すなわち、物だけでなく、理論的対象、集合的対象、自己矛盾的な対象、理念的な対象、想像的な対象など、広い意味での対象がオブジェクト指向存在論のオブジェクトには包摂されるのである。また、思弁的実在論と聞くと、扱われる対象はすべて実在的なもののように感じるが、実際はそうではない。オブジェクト指向存在論は「全ての対象が等しく実在的であるということではなく、全ての対象は等しく対象である」（ハーマン 二〇一七、一三―一四頁）という主張なのである。

人間とは無関係に成立するオブジェクトとオブジェクトの関係――たしかに、そこには新しい響きがある。だが、哲学としてもほんとうに新しいと言えるのか。これまでの哲学はオブジェクトをどう考えてきたのだろうか。

解体と埋却

ハーマンによれば、伝統的な哲学の大部分は対象＝オブジェクトを真面目に探究してこなかった。もちろん、あらゆる哲学は何らかの仕方で対象に関係する。認識論、存在論、形而上学、論理学、倫理学、美学……それぞれ独自の対象を考察していることは間違いない。ところが、対象を対象そのものとして捉えようとした哲学者は、アリストテレスやライプニッツなど一部の例外を除いて、決して多くはない。これがハーマンの主張の要諦である。オブジェクトをないがしろにする哲学の類型は三つある。以下、順に確認しよう。

対象をないがしろにする哲学の一つ目の類型。対象を究極の実在としては個別的すぎるとし、より深層にある基礎を考えようとする哲学。このような哲学は対象を「解体する」戦略をとる。

たとえば、ミレトス学派の自然哲学を考えてみよう。哲学の始祖とされるミレトスのタレスは、「万物の根源は水である」と述べた。タレスの周囲にあるのは水だけではなく、実際には無数の対象で溢れていたはずだ。しかし、自然科学者でもあったタレスは次のように推論する。(1)地上は水の上に浮いている。(2)植物や動物の生存にとって水は欠かせない。したがって、すべての存在の根本には水が存在している、すなわち「水」は世界説明の第一原理であるはずだ、と。

タレスの弟子アナクシマンドロスは、宇宙それ自体が無限であるという事実から、第一原理は質と量の両面で限界がなく、あらゆるものを包括するものでなければならないと考え、第一原理を「無限なもの（ト・アペイロン）」と表現する。アナクシマンドロスは、タレスが提起した「水」は、世界説明の原理としては明確な限界を有すると考えた。なぜなら、万物の存在を普遍的に説明するための原理は、二つの反対概念の根本対立を――たとえば「水」と「火」の二項対立を――乗り越えるものでなければならないからだ。この理由でアナクシマンドロスは万物の根源を「無限なもの」と考え、師の哲学を乗り越えようとしたのである。

さらに、そのまた弟子のアナクシメネスは第一原理を「空気」だと考え、世界の生成を空気の凝縮と希薄化で説明する。アナクシメネスは、事象とその変化を空気の量的な変化に還元することで、哲学史上、初めて自然主義的一元論を提起した人物である。

タレス、アナクシマンドロス、アナクシメネスの三人の推論に共通しているのは、あらゆる対象の根本には「水」、「無限なもの」、「空気」といった原理が存在すると考え、世界の一切の存在を原理（キーワード）によって説明しようとする態度である。ここで注目すべきは、現に目の前にある具体的な対象は、世界説明の原理としては個別的すぎるとみなされ、より深層に存在する隠された基礎が探究されているということである。具体的な対象は考察から除外され、すべての対象の根本にある何かが探究される。ハーマンは、このような哲学を「対象」を下から解体しているとして批判するのである。

次に、対象をないがしろにする二つ目の類型。この哲学は逆に、対象それ自体をあまりに深遠なものとみなし、「対象とは無益な仮説であって、悪い意味で、曰く言い難いものである」（ハーマン 二〇一七、二三頁）と結論する。したがって、対象を分析するためには、それを他の対象との関係性——意識に現われる対象や、他の対象との影響関係における対象——に還元する必要がある。対象について何らかのことを知るためには、それを目に見える影響関係に落とし込む必要がある、ということだ——これは対象を「埋却する」戦略である。

ハーマンによれば、対象を埋却する哲学には、メイヤスーが相関主義として批判した哲学や、ハーマンが「関係主義」（他の対象に影響を与えるかぎりで、その対象を実在的とみなす哲学）と呼ぶホワイトヘッドやブルーノ・ラトゥールの哲学などが含まれる。以下では、イギリス経験論のヒュームを例にとって考えてみよう。

ヒュームは、科学は「経験」と「観察」にもとづくべきである、と考えた。このような考え方は「経験主義」と呼ばれる。科学で使用されるいかなる概念も生得的なものではありえず、経験から構築されたものである。簡単に言えば、人間の認識はすべて印象の束である。ヒュームはこう書いている。

> 人間の心に現われるすべての知覚は、二つの異なった種類に別れる。私はその一方を「印象」、もう一方を「観念」と呼ぶことにしよう。これら二つの間の相違は、それらが心に働きかけ、思考もしくは意識の内容となるときの勢いと生気との程度の違いにある。きわめて勢いよく、激しく入り込む知覚を印象と名づけてもさしつかえなかろう。そして私は、心に初めて現われるときの感覚、情念、感動のすべてをこの名称で包括することにする。また、観念という言葉で、思考や推論の際の勢いのないこれらの心像を示すことにする。（ヒューム 二〇一〇、一二頁）

ヒュームは、感覚、情念、感動などの「印象」と、思考や推論などの「観念」を区別し、さらに続けて、それぞれ「単純なもの」と「複雑なもの」に区別しているが、「初めて現われるときの単純観念はすべて、それと対応し、それが正確に再現する単純印象に起因する」（同書、一五頁）という事実が肝要である。つまり、どんな複雑な認識の端緒にも必ず印象が存在し、「実体」や「本質」などの概念、さらには物理的因果法則ですら究極的には経験から習慣的に構築されたものである、と主張するのである。

したがって、対象は色、光沢、大きさ、固さなどの諸印象から統一的に構築されたものということになり、対象それ自体をまるごと把握しようとしても無駄な努力だということになる。対象とは、意識に与えられる印象の束に還元して初めて考察可能になるような何かなのだ。ヒュームのように対象を（認識者と対象の）関係性に還元する哲学は、対象を上から埋却する哲学だとしてハーマンは批判する。この場合、ほんらい対象が隠し持っている固有の実在性は、認識者や他の対象との関係性によって汲み尽くされてしまうのである。

最後に、対象をないがしろにする哲学の第三の類型。それは「唯物論（materialism）」である。一般に、唯物論と実在論は相性が悪くないので、思弁的実在論の代表的論者であるハーマンが、なぜ唯物論に反対するのか、と疑問に思う人も多いだろう。唯物論が物の実在を主張するとすれば、ハーマンの主張との齟齬が生じるのはどこだろうか。ハーマンはこう述べている。

唯物論は対象を解体すると同時に埋却し、実際には性質の集合にすぎない究極的要素〔の集まり〕として扱うことになる。この点において、唯物論は、対象を第一義的なカテゴリーとして認めないあらゆる哲学の基本的な身振りを反復しているにすぎない。（ハーマン 二〇一七、二八―二九頁）

対象は原子から構成されている、と主張する原子論（atomism）を例にとって考えてみよう。原子論は、まず個別的な対象から原子へと考察の次元を深めることで、対象を下から「解体」するだろう。というのも、対象それ自体は学的に考察するには値せず、より深い次元に存在する「原子」が世界説明の第一原理になるからである。ところが、原子それ自体に視線を向けると、原子は――それ自身も一つの「対象」のように語られ――諸性質の束（硬さや抵抗）から構築されている。したがって、原子という対象は上から「埋却」されているのだ。すなわち、原子論において対象は解体かつ埋却される。解体と埋却の両方を使用するのが唯物論なのである。

三つの類型のいずれもが、個別的な対象を二次的なものにしている。哲学は、現に目の前にあるこのこれを無視して、ある場合には対象を解体し、またある場合には対象を埋却し、さらにそれら二つを同時に行なう哲学さえ存在する。哲学史において、オブジェクトはつねに等閑に付されてきたように思える。

ならば、こうなるだろう。ハーマンがオブジェクトを指向するとき、そこで目指されているのは、一切の個別者を普遍的に貫く世界の根本原理を探求することや、もろもろの対象に共通する類概念や本質を確定することではない。さらには、オブジェクトが人間によっていかに構築されているのかについての解明でもない。オブジェクトをオブジェクトそのものとして尊重すること――これがオブジェクト指向存在論の根本命題なのである。

多くの特性を示すと同時に隠す単位でもある対象は、それ自体が対象性と性質のあいだの闘争の現場でなければならない。千葉雅也が「オブジェクト個々の絶対に払拭されない孤独」（千葉 二〇一八a、八一頁）と呼ぶ、決して汲み尽されることのない対象の地平――そこにはオブジェクトへの畏怖と配慮が併存しているのだ。

2　四方対象

観念論と実在論

観念論と実在論の基本的な性格については、前章の冒頭で簡単に触れておいた。もう一度確認すると、実在論が存在は人間の認識から独立して存在する、と主張するのに対して、観念論は存在は人間の認識に依存する、と主張する。だとすれば、人間から離れてオブジェクトに向かうハーマンは、実在論の立場を支持している。そのことは思弁的実在論という名称からも明らかだが、ハーマンの哲学は、実在論による観念論批判の定型ではないことに注意しなければならない。

ここでは二つのことに注目しよう。

(1)ハーマンのオブジェクト指向存在論はフッサールとハイデガーの現象学（観念論）を改造して成立したこと。

(2)ハーマンの根本動機は、観念論に対抗するための——いわば反動思想としての——対象の実在性の擁護にあるのではなく、一つの対象を構成する四つの要素のあいだの力学の解明にあること。

これら二つについては、ハーマンのオブジェクト指向存在論を具体的に検討することではっきりするはずだ。しかしその前に、一般的な観念論批判の要諦を確認しておきたい。

実在論は何よりもまず「常識」を擁護する。どういうことだろうか。私たちが常識的に持っている感覚を描写してみよう。たとえば、東京タワーは芝公園に、富士山は静岡県と山梨県にまたがって存在する。たとえ人間が絶滅したとしても、それらは変わらず存在しているだろう（やがて風化してしまうかもしれないが）。食卓、パソコン、庖丁、トイレットペーパー、電球など、家にあるさまざまな物は、帰宅するときには家を出たときのまま存在している（もし場所がずれていたら、猫のシェーラーがいたずらしたに違いないと考えるだろう）。それだけではない。猫も友人も先生もみなこの世界に実在しているし、日本という国やビール酵母だって実在するはずだ。それらが実在しないと主張するのはおかしい、という直感を誰もが持っている。存在は人間の認識から独立して存在する、という命題は、私たちの常識に合っているのだ。

それに対して、観念論は常識的な物の見方を疑うことから始まる。最も象徴的なのはデカルトの「方法的懐疑」である。「方法的懐疑」は、「精神」を「感覚」から切り離し、あらゆる先入見から思考を解放して、明晰判明な不可疑性の根拠を確保するために遂行される。つまり、疑いえないものを獲得するために、疑わしいものはすべて疑ってみよう、というのである。まず「感覚」は疑わしいとデカルトは考える。幻聴や幻覚、幻影や錯覚など、感覚を通して与えられたものは〈私〉を欺きうるからだ。

続けてデカルトはこう推論する。この現実世界全体はもしかしたら「夢」かもしれない、と。映画『マトリックス』の世界観のように、現実と仮想現実を区別する根拠を厳密に考えると、リアルな夢の可能性を完全には消去しきれない。デカルトは、それでも数学の客観性だけは疑いえないはずだ、と自らに反問する。ところが、ここで最後のダメ押しが登場するのだ——狡猾な悪い霊である。狡猾な悪い霊が思考作用それ自体をねじ曲げているかもしれない。数学的思考ですらあらかじめ歪曲されているとしたら、もはや確実なものは何もないように思われる。そうしてデカルトは次のことを認めざるをえない。

> 私がかつて真だと思ったもののうちで、それについて疑いの余地がないものは何もないこと。それも無思慮や軽率さから疑うのではなく、有効で考えぬかれた理由から疑うこと。それゆえ、何か確実なものを発見しようとするなら、それら疑わしいものに対しても、明らかに虚偽であるものに劣らず、以後は注意して同意をさし控えるべきであること。しかし、それらのことに気づくだけではまだ十分でなく、それを記憶に留めるよう配慮しなければならない。（デカルト 二〇〇六、四〇頁）

デカルトは知的遊戯として懐疑のための懐疑を行なっているのではない。「何か確実なものを発見する」という明確な目的のために、方法的に懐疑を遂行するのである。そのようにして、かつて真だと思ったものは、すべて疑わしいということに気づく。後に近代哲学全体を規定することになるデカルトの発見は、何かを疑っているという作用それ自体は疑いえない、というものだった。おそらく哲学史で最も有名な格率の一つである「我思う、故に我在り」はこうして導かれた。結局、デカルトはコギトの不可疑性と神の存在証明によって、一度は失われた世界を取り戻すことになるが、その詳細についてはこれ以上論じない。

さて、デカルトの発想が私たちの常識的な物の見方を反転させていることが分かるだろうか。実在としての物が存在し、それを〈私〉が知覚する、という順番ではなく、まずは〈私〉の意識作用の疑いえなさがあって、それが物の存在を証示するのである。このような発想を極端に追いつめると、存在は意識（観念）によって構成されたものである、という考えが帰結してくるだろう。

だが、極端な観念論者といえども、物の実在を本気で疑っているわけではなく、あくまでも認識論的コンテクストの内部で、実在性の条件を意識の内側から取り出そうとしているということには注意が必要である。前章の最後で論じたように、主客一致の認識問題の解明に結びついた認識論的自覚は、とりわけカントとフッサールの超越論的観念論で徹底された。すなわち、独断主義の論理にも相対主義の論理にも屈さない仕方で普遍認識の可能性を確保する、という根本動機が超越論的観念論を貫いている。

だからといって、物の実在性を意識（観念）に還元してよいのか――物と意識はやはり違うのではないか――という疑義を実在論は提起する。このような反論は、先に示した観念論の根本動機に対する無理解から現われることもある（たとえば、ムーア 一九六〇）。認識問題の解明に結びついた観念論の動機を受け取らずにそれを批判することは哲学的には無効だが、実在論は常識感覚に訴えかける側面を持つので、反駁するのは容易ではない。

ところが、観念論の主張の形式だけを取ってきて、それを一方的に批判するのではなく、観念論の動機をある程度は受け取ったうえで、それでもなお実在論を主張する哲学者もいる。たとえば、フッサールの還元論に対するローマン・インガルデンの批判がこれに当たる。インガルデンはポーランド出身の現象学者で、ゲッティンゲン大学とフライブルク大学でフッサールに学んだ初期現象学派の一人だが、彼は認識論における「現象学的還元」の有効性は一定程度認めつつ、実在的世界の存在論（形而上学）に対しては、超越論的観念論の限界を主張する（植村 二〇〇九参照）。認識の構造を観念論的に考察したうえで、実在論に戻ってくることも可能なのではないか、とインガルデンは言うのである。

興味深い主張がもう一つある。ヒラリー・パトナムの「内在的実在論（internal realism）」である（ちなみに、パトナムは「形而上学的実在論（metaphysical realism）」、「内在的実在論」、「直接的実在論（direct realism）」と思索の過程でその立場を変えている）。パトナムによると、そもそも何が事実なのかを決定するのは、何を受容することが合理的なのか、ということである。ただし、そこに不変の規準は存在しないし、合理性は自然科学のそれに限定されないことには注意したい。

心が世界を写しとるのでもないし、心が世界を制作するのでもない。そうではなく、「心と世界とは相携えて心と世界とを制作する」（パトナム 一九九四、viii頁）とパトナムは主張する。すなわち、真理に関する形而上学的見解（心から独立した事実が唯一の方法で記述されたもの）と構築主義的見解（人間の言語実践によって構築されたもの）をともに拒否するのだ。

内在主義の観点では「真理」とは、ある種の（理想化された）合理的受容可能性〔rational

> acceptability〕——われわれの信念相互の、そして信念とわれわれの経験（ただしそれ自体がわれわれの信念体系において表現されているものとしての経験）とのある種の理想的斉合性〔coherence〕——であって、心から独立した、あるいは談話から独立した「事態」との対応ではない。〔…〕現実の人々がもつさまざまな観点のみが存在するのであり、しかもそれらは、彼らの記述や理論がそれに仕えるさまざまな関心や目的を反映する観点なのである。（同書、七九頁）

内在的実在論の観点では、「真理」は諸々の信念と経験に照らし合わせて矛盾なく受け入れられる「合理的受容可能性」を意味する。すると、世界を記述するための唯一の方法は存在せず、さまざまな関心と目的を反映する観点と、その観点の内部での斉合性だけが問題になる。つまり、世界の存在についての問いは、特定の理論や記述の内側でのみ意味を持つと考えられるようになる。したがって、言語（記号）はそれ自体として独立した対象に一致するか、という問い（形而上学的問い）は無意味である。というのも、内在主義者は、言語は特定の使用者の概念図式の内部では特定の対象に対応する、と考えるからだ。特定の関心のもとで事象を記述するための図式を導入するとき、世界は初めて諸対象へと切り分けられる。対象と記号は、ともに記述の枠組みに内在的なのだ。

もちろん、だからといって、内在的実在論は経験的な入力を否定するわけではない。心の外側に実在的対象が——現象を可能にする物自体のように——何らかの仕方で存在することは疑えない。しかし、真なる実在と私たちの概念の対応関係を問うのは不毛である。それを確定するのは原理的に不可能だからだ。不毛な議論はやめ、特定の理論や記述の内部に限定して対象と記号の対応関係を問う必要がある。観念論‐実在論論争はどちらかが正しいわけではない。「対象」は発見されると同時に作り出されるからだ。

　インガルデンとパトナムは、物（実在）は意識（観念）から独立して存在している、と素朴に主張したりはしない。彼らは従来の観念論と実在論の二項対立そのものを乗り越えようとしている。ある種の問題には普遍的な答えが出ない、ということをはっきりさせるのも哲学の仕事だとすれば、インガルデンとパトナムの実在論的主張は、私たちが普遍的に考えうる／考えるべき領域を明確にすることの重要性を示唆するものだろう。つまり、何を考えればよいのかについて、まず考える必要があるのである。

　そうはいっても、インガルデンとパトナムの関心の中心は実在（超越）である。私たちは意識作用によって対象を認識するが、実在は意識作用を超越して存在する。このねじれた事態をどう考えたらよいのか、ということで頭を悩ませているのだ。

　それに対して、ハーマンは対象の実在性そのものには、さして関心がないように見える。むしろ問題なのは、「典型的な実在論者と典型的な観念論とには、対象という中間的水準を完全にスキップしてしまうという共通の傾向がある」（ハーマン 二〇一七、五三頁）ことだ。伝統的な観念論‐実在論論争は物と人間の関係に限定されており、物と物の関係を考えようとしていない。オブジェクトをオブジェクトとして尊重すること――これがハーマンの根本態度だとすれば、そこから見えるオブジェクトとは一体どのようなものなのだろうか。

現象学とオブジェクト指向存在論

ハーマンは現象学を独自に読み解くことで、オブジェクト指向存在論を組み立てる。まずは現象学の基本的な輪郭を描こう。二〇世紀初頭にフッサールが提唱し、それを引き継いだハイデガーが発展させた現象学が「事象そのものへ」という標語を掲げたことはよく知られている。一見すると、「事象そのもの」＝「物自体」と思われるかもしれないが、現象学における「事象」とは、意識に現れる「現象」のことであり、現象を可能にする「物自体」のことではない。とりわけフッサール現象学は意識体験の本質を分析するので、探究は認識者にとっての対象に限定される。一般的に言って、現象学は観念論なのである。

ところが、ハーマンはこう述べる――「現象学には、バークリにも、あるいはヘーゲルにさえ見出すことができないような、ある種の実在論的な趣があることは否定できない」（ハーマン 二〇一七、三七頁）。興味深い洞察である。一方で現象学が観念論であることは否定しがたい。メイヤスーの概念を使うなら、フッサールだけでなく、ハイデガーですら相関主義者であることになるだろう。しかし、もう一方で、現象学には「ある種の実在論的な趣」がある。だから、現象学の道具立てを使えば、オブジェクトそれ自体を分析する道が開けるのではないか――言い換えれば、現象学を実在論に向けかえることは十分に可能なのではないか、とハーマンは主張するのだ（これは先に言及した現象学的実在論のインガルデンのモチーフとも触れあう）。

私はハーマンの現象学解釈を全面的には支持しない。特にフッサールについては、反論したい箇所もある。だが、本書の目的はハーマンの現象学解釈を吟味することではないので――また、ハーマンが現象学を誤読していたとしても、そのことはオブジェクト指向存在論にとってさして重要な問題ではないので——、以下ではハーマンによるフッサールとハイデガーの読解を尊重しつつ、対象性と性質のあいだの闘争の現場を考えよう。

ハーマンは、オブジェクトを構成する要素を四つに分類している。対象性の側、性質の側それぞれが「感覚的なもの」と「実在的なもの」に分けられ、それらは「感覚的対象」と「感覚的性質」、「実在的対象」と「実在的性質」と呼ばれる。「感覚的対象」と「感覚的性質」は観察者にとって現われる対象性と性質を、「実在的対象」と「実在的性質」は観察者から独立して存在する対象性と性質を意味するものである。

ところで、「意識の本質学」として提唱された現象学は、意識に固有の性質を明らかにしようとする。フッサールはそれを「志向性」と呼んだ。フッサールはブレンターノから志向性概念を引き継ぎ、超越論的現象学に適用するにあたってその意味を洗練させたが、形式的に説明するなら、志向性とは、意識はつねに何かについての意識である、ということを意味する。注意すべきは、主観と客観があらかじめ分裂していて、それらが認識によって統一されると考えるのではなく、どのような意識体験も対象に向かっており、意識は意識に与えられるそのつどの現われから、対象全体が何であるのかについての信憑を作り出している、ということである。つまり、意識体験は意識作用（＝ノエシス）と意識対象（＝ノエマ）という二つの契機で構成されており、対象は意識体験の内部に志向的対象としてすでに含まれていると考えるのだ。

したがって、「思うこと」としての意識は「思われたもの」を自らのうちに伴っている。「知覚すること」では「知覚されたもの」が、「判断すること」では「判断されたもの」が、「愛すること」では「愛されたもの」が、意識において志向的に統一されているのである。一般にイメージされるように、意識という空っぽの容器に対象が内容物として入るのではなく、意識は何かに向かっていくベクトルであって、それはつねにある何ものかについての意識なのだ。フッサールはこう書いている。

どんな場合でも、一方に、実的なノエシス的な内実の多様な与件があるとすれば、必ずそれに対応して他方に、それと相関的な「ノエマ的な内実」もしくは簡単に「ノエマ」のうちに、真に純粋な直観において明示しうる与件の多様が、あるのである。(フッサール 一九七九―八四、(II)一〇七頁)

いかなる意識作用(志向作用、ノエシス)にも、必ず相関的に意識対象(志向的対象、ノエマ)が対応する。意識は意識に対して与えられたものを越えて志向的対象に向かっている。谷徹の言い方を借りれば、「現出はつねにすでに現出者へと向けていわば突破されている」(谷 一九九八、九六頁)のである。

リンゴを例にとって考えてみよう。机の上にリンゴがある。リンゴが客観的に存在するから、リンゴの像が意識に与えられると考えるのではなく、現象学的にはリンゴの像が意識に与えられているから、〈私〉はリンゴが存在するという確信を持つ、という順序になる。ここで意識体験を反省してみると、(1)赤い、丸い、つややかなどの感覚与件とそれらを志向的にまとめあげる意識作用、(2)一つのリンゴという意味に統一された意識対象、という構造に分けて考えることができるだろう。これがノエシス－ノエマという志向的体験の構造である。

ここで注目すべきは、リンゴを一度に全面的に見ることはできないのに、〈私〉は対象を一つのリンゴだと確信していることである。実際にやってみてもらえばすぐに分かるが、どのような立ち位置にいても、リンゴ全体を一度に見ることは不可能である。もし人間の身体が球体で、その内側がすべて眼だったら、対象を全面的に見ることは可能かもしれない。しかし、それでもなお、対象がどのような対象であるのかについての地平は残り続け、次の経験へと開かれているだろう（たとえば、さらに注意深く見ることで、また他のリンゴと比較することで、そのリンゴの産地を特定できるかもしれない）。

物の知覚において、対象は一面的にのみ与えられ、全面的に与えられることはない――このような事物知覚の本質を現象学では、物は「射映」する、と表現する。リンゴは見る角度によってそのつどさまざまな射映を与えてくる。意識に与えられるリンゴは次々と変化する。ところが、それにもかかわらず、リンゴは一つの対象として統一されてはいないだろうか。意識に与えられるリンゴの像は時間の継起とともに変化するが、対象としてのリンゴは、一つのリンゴとして同一性を保つのだ。

もちろん、場合によっては――たとえば、裏側を見たら茶色に変色していた場合――リンゴの意味は腐ったリンゴに修正されるだろう。あるいは、素材がプラスチックだと判明した場合、本物だと思っていたリンゴが実はレプリカであることが分かる。しかし、これらの場合にも、意識は分裂したりせず、そのつど修正を加えながら意識対象は統一性を保つのである。

意識はノエシスによって絶えずノエマを作り出すが、ノエマが（超越的）対象それ自体と完全に一致することはありえない（もっと正確に言えば、現象学者は超越的対象をエポケーするので、完全に一致するという発想自体を退ける）。だが、そのつどのノエシス－ノエマは動かしがたい不可疑性を有する。いま意識にリンゴが与えられ、〈私〉がその対象をほんもののリンゴだと確信していること——このことは疑いえず、動かしがたいからだ。

先に示唆したように、後の体験で——経験が進行するにつれて——実はリンゴが食品サンプルのレプリカだったと確信の内実が変容する事態はいくらでもありうる。では、意識の不可疑性と物の可疑性はどう説明されるのか。それは、こう言える——物それ自体が何であるか、と問うなら、そこにはつねに可疑性が残るが、にもかかわらず、意識にかくかくしかじかのものがそのつど与えられている、という明証は疑いえない。超越的知覚（＝物の知覚）には可疑性が残るが、内在的知覚（＝知覚の知覚）は不可疑性を有するのである。だから、内在的知覚こそが認識の源泉である、というのがフッサール現象学の要諦となる。

ハーマンによると、この現象学の発想がオブジェクトに接近するための手がかりを与える。どういうことか。そのつど変化する射映と統一される意識対象、しかし、意識対象は超越的対象それ自体に一致することはない——ハーマンは、ここに「実在論的な趣」、すなわち意識対象と超越的対象のあいだに横たわる深淵を見ているのだ。

フッサールにおけるオブジェクト——感覚的対象、感覚的性質、実在的性質

詳しく考えてみよう。ハーマンは「意識対象」を「感覚的対象」と呼び、「射映」を「感覚的性

質」と呼ぶ。先に述べたように、ハーマンの現象学理解は必ずしもフッサールの意図と一致しない。とりわけ、世界が客観的な仕方で存在し、〈私〉も事物も他者もその世界に存在するという素朴な存在定立を遮断すること（＝エポケー）をハーマンはこう批判している。

> 独立的な自然界を哲学の外に追いやってしまったことで、フッサールが払った代償は非常に大きいものだ。自然界を括弧に入れることは、容赦ない観念論者の振る舞いだからである。フッサールの信奉者が、意識は決して孤立した実体ではなく、観察や判断、憎しみや愛といったその志向的作用を通じて、みずからをつねにすでにその外部へと向けているのだと主張したところで無駄である。現象学において、そうした対象は意識からの自立性をもたないからだ。（ハーマン 二〇一七、四〇頁）

世界の実在性を括弧に入れることで、現象学は観念論になってしまう。意識は意識作用によって外部の実在と関係する、という現象学者のエクスキューズは無効である。結局、真に実在するオブジェクトは括弧に入れられ、意識対象だけに現象学的探究は限定されるからだ。現象学のオブジェクトは意識からの自立性を持たないのである。

しかし、そうはいっても、フッサールの功績は捨てがたい。特に射映と意識対象はよい着眼点だ、とハーマンは考える。つまり、こうである。対象はさまざまな射映を通じて別様に現れるにもかかわらず、対象そのものは統一されて同一性を保っている。だとすれば、感覚的対象と感覚的性質のあいだにはせめぎ合いがあり、それらは引き裂かれていると言えないだろうか。「現象的な領野は、外界へのアクセスから切り離された観念論者の牢獄ではない。むしろそれは、志向的対象と絶えず変化するその性質との間にある緊張を示しているのである」（同書、四七頁）。

つまり、ハーマンはノエシスと相関的にノエマが構成されるという発想はせず、あらかじめ感覚的対象が存在していて、それにさまざまな感覚的性質が付着して意識に現われると考えるのだ。逆に言えば、対象の同一性の維持にとって偶有的な性質は無関係であり、さまざまな性質を取り払ったとしても対象性の核は残る。だから、感覚的対象は感覚的性質以下のものと言われる。

ハーマンの推論を具体的に描写してみよう。リンゴはさまざまなプロフィールで現われるので、感覚的性質は刻々と変化する。しかし、感覚的対象としてのリンゴは同一性を保ち続ける。ということは、そのつどのプロフィールを取り払ったとしても、リンゴの同一性の核は残り続けるにちがいない。感覚的対象は偶有的な感覚的性質によって「装飾」されて現前するが、それは対象の同一性にとっては必要以上のものなのだ。そんなものがなくても、リンゴはリンゴという対象でありうる、というわけである。

感覚的対象は感覚的性質を取り払っても残る対象性の核である。だが、そのような核があらゆる対象に同じように共有される、いわば特徴のない空虚な核だとすれば、あらゆる感覚的対象は同一であり、そのつどの対象性の核を飾る感覚的性質によって個別化は起こることになる。着せ替え人形の本体は同じで、装着する髪、アクセサリー、服装などでそれぞれのキャラクターに個別化される、といったイメージになるだろうか。

ところが今度は、感覚的対象と実在的性質の緊張関係を考慮に入れると、感覚的対象は特徴のない空虚な核ではないことが判明する。先ほどの例で言えば、人形の本体それ自体が実在的性質によって個別化されているのだ。それはフッサールが「本質」(形相)と呼んだものにほかならない。一般に、対象の「本質」とは「……とは何か」の答えとなるものだ。リンゴが(バナナやブドウではなく)リンゴであるために持っていなければならない固有の性質が、さしあたりリンゴの「本質」だと考えればよい。

フッサールは「本質」を「事実」との対比において規定する。「事実」は時間的・空間的に規定されているが(いま机の上にあるリンゴ)、「本質」は特定の時間や空間には拘束されない(リンゴの意味本質は、いま机の上にあるリンゴを食べてしまっても存在するだろう)。フッサールによれば、リンゴの本質は、さまざまにありうる他のリンゴを想像してみて、すべてのリンゴが共通して持っている性質のことである。もちろん、その性質は一つではなく複数であってもかまわない。繰り返しになるが、リンゴを他の果物から区別する性質がリンゴの本質なのである。

フッサールは机の上のリンゴを直観(直接に見て取ること)できるのと同じように、リンゴの意味本質もまた直観できると考えた。哲学史的には、カントが直観概念を感性的対象に限定したのに対して、フッサールはそれを範疇、意味、本質などの理念的対象に拡張したと言える。フッサールは次のように述べている。

> 経験的直観、特に経験というものは、或る個的対象についての意識であり、かつ直観的意識とし

て、「対象を所与性へともたらす」ものであり、〔…〕対象を「原的に」その「生身のありありとした」自己性において把握する意識へと、当の対象をもたらすものである。これと全く同様に、本質直観もまた、或るものについての意識であり、つまり或る「対象」についての意識であり、言い換えれば、自分の目差しがそれへと向かいかつまた自分の直観のうちで「それ自身として与えられて」くるような何らかの或るものについての意識である。（フッサール 一九七九—八四、(I) 六六頁）

知覚の直観は、対象それ自身が——写像やコピーといったありようではなく——「生身のありありとした」自己性において存在する、という確信をもたらす。本質を直観する場合にも事情は同じである。対象の意味はそれ自身として意識に与えられていて、それを直接に見て取ることができる。「本質を見る」という表現には違和感を覚える人も多いだろうが、フッサールの論意は、リンゴを見たときには、リンゴの知覚像と一緒にリンゴの意味も意識に与えられていますよね、意識体験を反省してみると、知覚像も意味も見て取ることができませんか、というものである。つまり、知覚と意味、これら二つが対象認識の等根源的な本質契機だとフッサールは言うのである。

ハーマンは実在的性質（本質）について持論を展開する。フッサールは本質を直接に見て取ることができると主張したが、それは間違っている。本質はあくまでも実在的なものであって、直観を通じて与えられるようなものではない。ハーマンはこう書いている。

対象の形相的特徴というものは決して、知性を通じて現前させられるものではなく、芸術であろうと科学であろうと、ただ暗示〔allusion〕という間接的な手段によってのみ接近可能なものである。（ハーマン二〇一七、四九頁）

対象の本質はただ間接的に暗示されるのみである。これは本質が感覚的領野から隠されているということのみならず、知性（的直観）によっても直接に捉えることはできないということを意味する。偶有的な感覚的性質とは異なり、対象を根本的に規定する必然的性質である実在的性質は、人間のアクセスから退隠しており、意識に直接現前することはない。

ところで、性質の積み重ねでは対象性は構成されないだろう。偶有的なプロフィールでも必然的な本質でも、それらを重ねていくだけでは対象にはならない。というのも、対象は「一」であるのに対して、性質は「多」であるから。したがって、多数の性質が一なる対象と関係することで、具体的なオブジェクトが成立するのだ。このように対象と性質には「一」と「多」という決定的な差異が存在するが、感覚的性質と実在的性質にも大きく二つの違いがある。

(1)対象は感覚的性質を必要としていない（それらは自由に変更可能なものである）。しかし、実在的性質は必要である。

(2)感覚的性質は現前するが、実在的性質は暗示される。

感覚的対象は、感覚的性質と実在的性質という二つの異なる性質と関係をとり結ぶことによって、私たちに現われる。私たちに現前する感覚的性質は変化しうるものであり、それが変化したとしても対象は同一性を保つ。何らかの仕方で対象の同一性に影響を与えていると推測される実在的性質は、対象にとっては本質的かつ必然的な性質である。

最後に一つ注意すべき点がある。フッサールが本質を類的なものとみなしたのに対して、ハーマンはそれを個別的なものとみなしていることだ。あらゆるリンゴに共有される性質ではなく、このリンゴを個別化する性質を「本質」と考えるのである。つまり、ハーマンはプラトンのイデアではなくアリストテレスの第一実体に与《くみ》していると言えるだろう。オブジェクトを尊重するとは、オブジェクトを一般的なもの（＝普遍）に還元することではなく、まさにこのこれをそのまま受け取ることなのだから。ハーマンのオブジェクト指向存在論では、感覚的性質も実在的性質もオブジェクトに個別化されていることを忘れないでおこう。

ハイデガーにおけるオブジェクト——感覚的性質、実在的対象、実在的性質

フッサールの志向的対象、射映、本質という概念を援用して、ハーマンは感覚的対象、感覚的性質、実在的性質をそれぞれ導出した。しかし、実在的対象はフッサール現象学から取り出すことはできない。フッサールは原則として意識に現われるものに探究を限定したからである。

それに対して、ハイデガーの視界には感覚的対象ではなく実在的対象が存在していた、とハーマンは考える。ハイデガーでは感覚的対象は後景に退き、感覚的性質、実在的対象、実在的性質の三つの

要素が分析される、というのである。同じ現象学であるにもかかわらず、フッサールとハイデガーの見解はそれほど異なっているのだろうか。

実はそうなのである。ハイデガーの現象学理解の特徴は、たとえば次の一節によく表われている。

> 現象学の現象の「背後に」は、本質上、他の何ものもひかえてはいないが、現象になるべき当のものが秘匿されているということなら、たしかにありうる。しかも、現象が差しあたってたいてい与えられてはいないという、まさにこの理由で、現象学が必要になるのである。隠蔽性は「現象」の反対概念なのである。（ハイデガー 一九八〇、一一二頁）

何かが意識に与えられる。だが、その何かは信頼に値するものだろうか。フッサールは意識に与えられる知覚像と意味を信頼して、すなわち個的直観と本質直観をあらゆる認識の正当性の源泉とみなすことで、普遍学としての哲学の可能性を追究した。しかしハイデガーは、現象になるべきものが秘匿されていることはありうる、と述べる。隠されているものを見えるようにすること——隠蔽されていないということが現象の本義である、と解釈するのだ。

本書ではフッサールとハイデガーの対決については詳しく論じないが、ハイデガー現象学全体の雰囲気は先の一節で感じられるだろう。真理は秘匿されており、開示されるべき本体は隠されている——この観念がハイデガー哲学の通奏低音である（フッサールが本質は直観されると議論していたことを思い出せば、両者の違いはよりはっきりする）。意識に与えられるものをそのまま受け取ることが大切だとするフッサールと、隠されているものを暴露することの重要性を強調したハイデガー。「フッサールが現前の哲学者であるとすれば、ハイデガーは不在の思索者」なのである（ハーマン二〇一七、五九頁）。

ハーマンはハイデガー現象学を独自に読み解くことでオブジェクトに向かう。フッサールの場合と同様、ここでもハーマンの読解はユニークなものであり、アカデミックなハイデガー研究者には多くの点で異論があると予想される。しかし、以下ではハイデガー解釈には立ち入らず、ハーマンの議論のポイントをなるべく簡潔に示してみよう。

先に論じたように、ハイデガーは、物は気遣いにとっての道具である、と分析する。すなわち、周囲の世界に配置された諸々の事物は、〈私〉の関心にとっての手段性、有用性、利用可能性の連関として現われる。通常、私たちが実践的に関与しているあいだは、物の存在は特に意識されない。つまり、次々と物をうまく使用する過程では、物は拡張された身体性の一部として機能しており、〈私〉は目的の達成に没頭している。

物が意識されるのは、物がうまく機能しなかったり、壊れていたり、手頃ではなかったりするときである。パソコンがWi-Fiにうまくつながらない、デスクライトが点かない、ドライバーがネジに合わない……そうした場合に私たちは、物を意識し始め、それをよく見てみたり、点検したり、確認したりすることで、状況に対処しようとする。要するに、物の物性はそれが道具としての役割を果たさない場合に意識される。

ここでハーマンは、それぞれの個別的存在者が道具連関全体に巻き込まれることは対象を解体するといって批判する。ハイデガーの道具存在分析の真意は別のところにある、と言うのだ。実践的気遣いに応じて、それぞれの道具が意味連関の全体に溶け込んでいることより、むしろ、道具は使用されているときには意識されていないということの方に注目しなければならない。つまり、物の実在的な本性が人間からは隠されていることが重要だ、と主張するのである。

> 道具分析は、一元的な存在の塊を与えるものでなく、様々な個別的対象が互いにほとんど関係できないような私秘的な内面へと退隠している、そうした光景を与えるものなのである。（同書、六〇頁）

> 事物の通常のあり方というのは、現象として現れることではなく、人目に付かない地下領域に退隠することなのである。（同書、六五頁）

普段から慣れ親しんでいる道具が壊れることで、物が意識されるようになること。それが意味するのは、物の実在は私たちの実践的生からは隠されている、ということである。さらに、物を科学的に（理論的に）分析することも――科学もまた量的関係を客観的に特定しようとする一つの実践的関心なのだから――物の実在を汲み尽くすことはできない。これらの事情を一般化すると、こう言えるだろう――物の実在は決して現象することはない、と。

つまり、物はたいていは私たちから隠されているわけではない。物が意識されて、それをより詳細に調べる作業も――それが具体的かつ実践的なものであれ、抽象的かつ理論的なものであれ――ある特定のパースペクティヴから別の道具連関を生じさせるだけで、物の実在はそこから無限に後退するのである。

無論、物が道具として私たちに現われていることは疑いえない。だが、それは物の実在ではない。真のオブジェクトは実在的対象なのである。また、ハイデガーの道具存在分析において、道具は相互に区別される存在なのだから、実在的性質が前提にされているはずだ。さらに、道具が何らかの仕方で意識に現われるということは、感覚的性質もそこから取り出すことができる。したがって、実在的対象は実在的性質および感覚的性質と関係をとり結んでおり、そこには緊張関係が存在する（フッサールは感覚的対象と感覚的性質および実在的性質の関係を問題にしたのだった）。以上がハーマンの思弁的推論である。

ハーマンの解釈はいずれもユニークなものだが、さしあたりオブジェクトの構造をこうまとめることができる。

(1)オブジェクトは感覚的対象、感覚的性質、実在的対象、実在的性質という四方構造によって成立する。
(2)対象は一なるもの、性質は多なるものである。
(3)感覚的対象と感覚的性質は現前するが、実在的対象と実在的性質は隠されており、それらのすべてが明らかになることはない。

(4)少なくとも、感覚的対象−感覚的性質、感覚的対象−実在的性質、実在的対象−感覚的性質、実在的対象−実在的性質には、それぞれ独自の緊張関係がある。

3　物の超越

オブジェクトの光景

オブジェクトの四方構造は、人間とオブジェクトの関係だけに限定されるものではない。これまでは便宜的に、意識に与えられる感覚的対象と感覚的性質、意識からは隠されている実在的対象と実在的性質について語ってきたが、ここでメイヤスーの相関主義批判が思弁的実在論の支柱になっていることを思い出そう。人間から見たオブジェクトの分析では、人間と世界の関係の優位を主張するカント以後の哲学の枠組みを維持していることになってしまうのだ。ハーマンはこう書いている。

事物の存在があらゆる理論と実践の背後に隠れているという主張は、人間的現存在が有する何らかの貴重な長所や短所に由来する事態ではなく、どんな関係も——無生物的な関係でさえ——それが関わるものを翻訳ないし歪曲してしまうという事実に由来することだからである。〔…〕綿の存在は、それが焼き尽くされ、破壊される場合でも、炎から退隠している。綿＝存在は、現象学者や織物工のみならず、それと接するどんな存在者からも隠されている。（ハーマン 二〇一

七、七三―七四頁）

あらゆる対象の実在は他のすべての対象から退隠している。対象の実在をまるごと把握できないのは、人間の認識能力が不十分で制限されたものだからではなく、およそ関係一般の本質がそういうものだからである。ここまで来て、ようやく相関主義は解体される。人間の認識とは無関係に物自体と物自体の関係が主題化されているからだ。

したがって、先に提示した感覚的対象、感覚的性質、実在的対象、実在的性質という四つの要素は、一つのオブジェクトにおいて互いに緊張関係にあるだけでなく、他のオブジェクトとの関係においても緊張関係にある。そして、世界には無数のオブジェクトが存在する以上、それらの関係も数え切れないほど存在する。しかし、いずれにせよオブジェクトは一切の関係と相互性から自由であるべきであり、それは自らの構成要素にも他の事物との外的関係にも還元することはできない。このことがもたらす光景はどのようなものだろうか。

互いに孤立した無数のオブジェクトが存在する。一つのオブジェクトは四方構造の闘争の現場である。人間も動物も、そのようなオブジェクトに囲まれている。しかし、それぞれのオブジェクトは孤立しており（ライプニッツのモナド論を想像してほしい）、人間に対しても、あるいはまた他のオブジェクトに対しても、その全貌を見せることはない。たしかにオブジェクトは、感覚的なものを媒介にして他のオブジェクトに関係するが、その実在はどこまでも退隠したままである。人間はオブジェクトに関心を照射し、その意味を受けとる。ところが、人間の視線がオブジェクトの秘奥に届くことはない。オブジェクト指向存在論が描くイメージは以上のようなものだ。それぞれの緊張関係の具体的分析については、ハーマンの『四方対象』の後半部分を参照してほしい。

メイヤスーが相関主義と呼んだ哲学を、ハーマンは〈アクセスの哲学〉と呼ぶ。メイヤスーの論点は《大いなる外部》のリカバリーだったが、ハーマンはオブジェクトそれ自体に人間中心主義の外部を感じ取る。

〈アクセスの哲学〉は、自らの威信の全てが「私たちは、ヌーメナについて考えるとき、それらをフェノメナへと変換しており、それゆえに哲学が扱えるのはフェノメナルなものだけである」という原理に認められる確実性と明晰さにかかっていると主張する。そうすることで、この哲学は、無生物的対象間のあらゆる関係を、人間がその関係を目撃するための条件へと還元する。哲学には実在全体を知るという責務があるにもかかわらず、〈アクセスの哲学〉はまさにその実在を、人間が直接利用可能なごくわずかな部分へと還元してしまう。こうして、〈アクセスの哲学〉はその不十分さを露呈し、やがて訪れる自らの破滅の種をまくことになる。（同書、一〇三頁）

世界が人間的秩序に完全に飲み込まれると、超越性は失われる。それどころか、もし世界に不透明なものが何もなくなり、その構造と力が十全に明らかになってもなお、私たちが期待したことがそこに何一つなかったとしたら？　ハーマンの〈アクセスの哲学〉批判は、人間が関与できないオブジェクトの超越性を暗示している。道具性の背後にあるオブジェクトは「高さ」を予感させるのだ。

〈アクセスの哲学〉の弁明

率直に言って、ハーマンの主張には疑問も残る。フッサールとハイデガー読解の妥当性は不問に付すとしても、とりわけ認識論に慣れ親しんだ読者は、ハーマンが勝手気ままなことを主張しているように思えるだろう。私としては、次の二つのことを言っておきたい。

(1)方法論の問題。フッサールは現象学の方法として本質直観を提唱した。簡単に言えば、本質直観とはさまざまな概念やことがらの核心的な意味を、自らの体験を反省することで取り出す方法である。だから、フッサールは本質を「対象」とみなした。リンゴと同じようにリンゴの意味を私たちは洞察できる。それだけではない。社会と文化の意味を追究する可能性も、原理的にはその延長線上にあり、そこには人間的生の本質を普遍的に考察する可能性もある。

本質直観についてはこれまでにも多くの異論が現象学の内外から提起されてきたが、フッサールが具体的な方法論を提示することで、本質学としての現象学の可能性を具現化しようとしたことは動かしがたい事実である。すなわち、意味と価値の普遍的構造は記述できる。その原理と方法は現象学的還元と本質直観である。現象学は原理と方法を実際に提示することで、普遍性創出のための具体的なプランを明らかにしているのだ。

それに対して、ハーマンは本質直観を否定し、本質は暗示されるだけだと主張する。実在的性質は決して現われることがない。が、暗示されるとは、どのような事態なのだろうか。暗示されるだけのものを、四方構造の一つとみなしてよいのだろうか。また、互いが互いに対して退隠している物の実在を記述する具体的な手段は何なのか。具体的な方法論がなければ、実在は記述できないし、また仮に記述されたとしても、その妥当性を確かめる術はないことになる（メイヤスーとは異なり、ハーマンは物自体に直接アクセスできないことを認めているが、だとすれば、物自体と物自体の関係の記述は、いかにして想像や虚構と区別されるのだろうか）。

だからこそ、カントは物自体を認識できないと言ったし、フッサールは物自体についての判断を保留したのである。オブジェクト指向論者からすると、方法論にこだわること自体が、時代遅れの古い表象の一部なのかもしれない。だが、観念論にある程度のシンパシーを持つ者にとっては、方法論の行方は大きな問題になるはずだ。

(2)オブジェクトとオブジェクトの関係。(1)の論点とも関わるが、オブジェクトとオブジェクトの関係を記述する主体は知性を有する人間である以上、オブジェクトとオブジェクトの関係の記述には人間とオブジェクトの関係が反映されていないだろうか。

たとえば、冬の日のパソコンと机の関係を想像してみる。そうすると、机はパソコンの温かさを感じてほっとしているのかもしれないし、パソコンの発する熱をむさ苦しく感じているのかもしれない、と思ってしまう。あるいはパソコンも机も感覚器官を持たないのだから（しかしオブジェクト指向的に考えれば、なぜそれらは感覚器官を持たないと断言できるのだろうか?）、もっと無機的に、パソコンと机はぴったりと平面どうし仲良く接しているにちがいない、と想定することもできるだろう。だが、いずれの描写もあまりに人間的である。

私たちは生活のなかで、状況と情動の（人間的）連関を自然に蓄積している。身体性が複雑化するにつれて、遊園地で絶叫マシンに乗ったときの、ふわっとするあの感じを、ごみ箱に投げられたティッシュペーパーに感じることもできる。交通事故で骨折した腕の痛みを、腕の太い教師に折られたチョークに予感することもできる。こういう状況ではこう感じるという連関を、物と物の関係に投影するのである。

もう少し考えてみよう。猫のシェーラーは、パソコンのスクリーンの裏側でお昼寝をするのが好きだ。シェーラーはおそらくパソコンの温かさを心地よく感じているから、わざわざここで眠るのだと私は推測する。でも私だったら机の上は固すぎて寝られないな、とも思う。そう思いつつシェーラーを見ていると、彼の全身がもふもふであることに気づく。そうか、身体がもふもふしているから、机の固さは気にならないのか、と考えてみたりもする。

これらはすべて私の身体感覚をもとにして、あるいはそれを変様することで、予感され、推察されるものだろう。シェーラーからパソコンが退隠している、パソコンから机が退隠している——動物と物、物と物の関係の一般化の源泉は、きわめて人間的な匂いのするものになっているのだ。

なるほど、オブジェクト指向存在論は、そのような人間と物の一般関係を投影するのではない、と反論することはできる。しかし、それは一般関係ではないにせよ、人間と物の一般関係を自由に変様したものを投影しているにすぎないのではないか。人間を離れてかつ人間のことばでオブジェクトを記述する可能性が問われなければならない。だが、そうなってくると、哲学はかぎりなく詩的営為、さらには非言語的な瞑想に近づきかねない。

したがって、相関主義批判をどこまでラディカルなものにするのか、ということが一つの論点となる。そしてそれは、オブジェクトを記述するための具体的方法と密接な関係にある。この点で、オブジェクト指向存在論には改善の余地があるだろう。その改善の可能性の一つは、もしかすると現象学的なものへの回帰かもしれない――すなわち、〈私〉（人間）が物と物の関係を記述することの自覚化という仕方で。別の観点からは、オブジェクトの実在には瞑想によってのみ近づける、という発想も生まれるだろう。もっとラディカルなことを言えば、オブジェクトのために人間は消え去るべきだ、という考え方もできる（たとえば、私は人間の、た、め、の、環、境、保、護、には賛成だが、環、境、保、護、の、ラ、デ、ィ、カ、リ、ズ、ム、はなぜ人間の死滅を要求しないのか、といつも疑問に思う）。

それとも認識論的な厳密さを、現代哲学はもう必要としていないのだろうか。いずれにせよ、このことをはっきりさせなければ、実在論と観念論の対立は平行線のまま終わるだろう。

オブジェクト指向存在論の意義を考える

とはいえ、オブジェクト指向存在論が提示する像には、たしかに新しいものがある。その新しさを、こう言ってみよう――私たちはふつう物の意味を関心との相関性で捉えるが、その相関性を支えるのは、人間が生きるための一般関心である。関心が一般的な仕方で構造化されること、このことは人間の物理的身体の共通性、さらには人間が社会的な共存在であることにその根拠を持つだろう。しかしいつのまにか、物を一般関心との相関性において捉えることが自明視され、物の物性に配慮しなくなっているとしたらどうだろうか。一般関心に閉じ込められ、その外部が見えにくくなっているとしたら？　「人間からオブジェクトへ」という提言は、これまでの物の見方に待ったをかけ、物の超越、つまり「高さ」を開示するのだ。

すると、こうなる。オブジェクト指向存在論は人間中心主義からの脱却を目指すが、それは認識論的ディスクールで主観を消去しようという試みではない。むしろ、認識論的諸問題はいったん脇に置いて、オブジェクトそれ自体を考えてみようという提案なのだ。そしてそのとき、オブジェクトに向かった思考は、オブジェクト（の超越）に跳ね返されて、思考それ自身へと戻ってくる。オブジェクトを完全に征服することはできない。それは道具性だけでは汲み尽くされない隔絶した具現性なのである。

だから、オブジェクト指向存在論を認識論的に批判することにはあまり意味がないかもしれない。もちろん、先に示唆したように、認識論的観点がオブジェクト指向存在論を改善する余地はある。しかし、オブジェクト指向存在論のモチーフを受け取りたいなら、認識論的観点からの批判は後からにする必要がある。「そんなこと言ったって、認識論的には背理だ」と断罪するのではなく、オブジェクト指向存在論を「人間と物の一般関係を問いなおす作業」として捉えなければならないのだ。

千葉はオブジェクト指向存在論の展開を「エコクリティシズム」と「物体のホラー」という二つの観点で整理している（千葉 二〇一八a、一〇六頁以下）。

まず、それは環境哲学と結びつく。すなわち、道具性には還元されない自然の意味を考えようというわけだ。環境を人間存在から独立したオブジェクトの総体とみなしてみる。すると自然は、人間に破壊されるか保護されるかの二択ではなく、むしろ人間を超越した存在として、人間が生存するはるか以前から存在するメタ条件として捉えなおされることになるだろう。篠原雅武は、こう書いている。

> 産業革命以来、人為的に排出される二酸化炭素の量が増大し、一九四五年の核実験と原爆投下（広島・長崎）以来、放射性物質の量も増大したが、それだけでなく、都市郊外のニュータウン建設、高速道路の建設、ダムの建設といった出来事は、山のかたちや河川の流れを変えた。〔…〕にもかかわらず、人間の生活領域のなかで、人間とともに、人間を中心にした生活を営んでいるかぎり、自分たちの活動が、人間ならざるものの領域つまりは人間を超えたものの棲まう領域にまで及び、しかもそのあり方を変えているということに意識が向かうことはない。（篠原 二〇一八、一六頁）

人間はさまざまな道具を作り出し、自然を一方的に利用することで、人間を超越した事物の総体、すなわち人間のメタ条件を変化させようとしている。そして、そこには何か得体のしれないものがある。環境破壊という概念で、私たちは何を語っているのだろうか。結局のところ、何を壊しているのだろうか。それは人間にとっての環境か――あるいは人間と環境の相関性それ自体を超越し、それを上から規定するメタ条件なのか。オブジェクト指向存在論は環境哲学に新しい視座を提供する。

次に、オブジェクト指向存在論は物の異形を暴露する。このことについては「異様な『物』の経験」で述べたとおりだ。人間と物の関係の一般性からズレた場合、つまり物の意味が過剰になる場合、あるいは反対に物の意味が剝ぎ取られて物の存在が裸で晒される場合——そういう場合に、一般的意味の向こう側に、物の高さは開示される。コンテクストによっては、物の側が人間を見ている、または物が人間に無関心である、という心象を作り出すかもしれない。

物の超越化、いやそれどころか、人間の力が作り出した物やシステムが物神化し、その自律した力を崇める、という転倒した状況も起こりうる。ブリュノ・ラトゥールの表現を借りれば、「我々の活動の一つ一つにおいて、我々が製作するものは我々を超える」（ラトゥール 二〇一七、五九頁）のである。たとえば、ＡＩに人間が滅ぼされるという想像力——私たちは私たち自身が製作する物に、どういうわけか怯《おび》えている。力を付与するのは人間だが、力を付与された物は、その限界を超えて存在し始める。人間はその力を崇め、畏れる。他の動物から見たらその状況は滑稽なものにちがいない。自らが作り出したものに、自らを超越する力を見て取っているのだから。

しかしこれらの状況は、人間は客観的事物の秩序だけを生きる存在ではない、ということを逆説的に示している。すなわち、空間と時間に規定された物の因果的秩序を生きるだけでなく、人間は高さを予感し、それを目指そうとする変わった生き物なのだ。もちろん、高さは簡単に作り出せるものではなく、ふつうはまず与えられるものだ。「好きでもないものを好きになれ」、「凡庸なものに憧れろ」と言われても、無理な相談だろう。私たちは、いつのまにか好きになるし、思いがけず憧れてしまう。だからこそメランコリストは、超越の到来がないことに困り果ててしまうのだ。

人間だけが「高さ」を作り出し、超越性を欲望する。いや、人間的欲望の本質が超越性に向かう力動なのだ。世界に意味が不在なのではなく、実は世界に意味を見出せないのである。だから、メランコリストが真に考えるべきは、情動の可能性であって、世界の可能性ではない。情動こそ意味を作り出す当のものだからだ。世界を見るのではなく、情動のゆらめきを注意深く見ること——これについては、本書の最後で考えてみたい。

ともあれ、オブジェクト指向存在論、そして、それを含む思弁的実在論の潮流は、いずれも高さのディスクールを形成するという点で意義がある。近代哲学は（神に代わる）広さの創出については懸命に努力したが、高さについての原理は提起できなかった。その広さでさえ、ポストモダン思想に激しく攻撃されたが、私の考えでは新しい普遍性を確保する準備を——実在論の文脈ではテイラーとドレイファスが——現代哲学はすでに整えている。

難しい問題は、やはり高さなのだ。停滞していた高さのディスクールをもう一度始動させたことが、思弁的実在論の大きな功績の一つだと言ってよい。つまり、思弁的実在論の登場によって現代哲学の問いの所在がはっきりしたのだ——「高さ」の可能性と「広さ」の可能性は区別されなければならず、そして普遍性は必ずしも超越性をともなわないということ、これである。

思弁的実在論についての結語

思弁的実在論は哲学運動としては、すでに下火になっている。これまで私は思弁的実在論の「新しさ」を強調してきたが、新しいものもいつかは古くなるだろう。そして、哲学の歴史に鑑みると、哲学者の仕事はいくつもの時代を通過しなければ評価が定まらないのが通例である。だから、思弁的実在論は単なる流行思想にすぎないのか、それとも時代の評価に耐えうるものなのかは、先になってみないと分からない。

しかし、私としては、現代実在論の一つとして思弁的実在論が登場したことには、哲学的な意味があると思っている。先に論じたように、その一つは、メイヤスーとハーマンが広さではなく高さについて考えたことだ。そしてそれは、メイヤスーとハーマンにかぎったことではない。

たとえば、ブラシエは太陽の消滅と人類の絶滅を俎上に載せることで、相関主義批判を行なっている（ブラシエ 二〇一五）。これはメイヤスーの「祖先以前性」とは逆向きの「事後性」という視座からの相関主義批判である。一般的に言って、人間が作り出す意味、目的、可能性といった系列は、未来の地平との関係で作り出されている。逆に未来がなければ、意味も目的も可能性も不要である。というのも、それらは未来のありうるに向かって企投されるからだ。

生の意味を自覚的に問い、それを作り出す努力をするのは人間だけである。そのことで、人間は存在論的に特権的な地位にいると考えられたりもする。しかし、人間の生は太陽に絶対的に依拠しており、太陽の消滅は人類の絶滅をもたらす。だとすれば、太陽の消滅は人間からその特権性を剥奪し、相関主義を打ち破る超越論的な可能性であることになる。絶滅について思考すること、すなわち、思考の死について思考することは相関主義を打ち破り、一切の相関性から解放された世界の実在を示唆する。ブラシエはこのように事後性から相関主義を批判し、人間的意味を消し去る「高さ」の思考を論じている。

私の考えでは、思弁的実在論は超越性を取り戻す試みの現代版である。一般に、「実在論」という名称から想起するのは、世界の実在とその認識の可能性を擁護する認識論または存在論の立場であり、思弁的実在論についても、カント以後の観念論を徹底的に批判するという点では、これまでの観念論と実在論の論争に深く関係している。

しかし、思弁的実在論を現代の「実存論」の観点から読み解くなら、別の意義を見出すことができる。それは思弁的実在論に感じるある種の「解放感」の本質を明らかにすることだ。要は「高さ」に触れる感覚である。

私の根本仮説はこうである。現代のメランコリストは、憧れに憧れている。物自体はメランコリーの外部であり、来るべき神とオブジェクトは新しい高さの可能性である。人間的意味の彼方にある意味を思弁すること――思弁的実在論の中心的なモチーフを、そう言ってみることができるはずだ。

とはいえ、思弁的実在論は認識論からの批判に応答する義務がある。それはカントを痛烈に批判したが、逆にカントの『純粋理性批判』から一節を引用しておこう。

> いったん経験の範囲を出てしまえば、もう経験に反駁されるおそれがない。また我々の認識を拡張しようとする魅力は極めて大きいので、明白な矛盾に出会いさえしなければ、我々の行く手をはばむものはあり得ない。それに矛盾というものは、経験を越えた認識の拡張を慎重に拵え上げれば、なんとか避け得られるものなのである。しかしそうしたからとて、拵え物は依然として拵え物であることには変りがない。（カント 一九六一―六二、(上)六三―六四頁）

思弁的実在論は単なる思弁的な拵え物ではなく、「高さ」の哲学でありうるのか。そうであるためには、実在をめぐる複数の思弁が理説の対立に帰着しないための認識論的な整備が必要となる。

第Ⅲ章

普遍性を奪還する

チャールズ・テイラーとヒューバート・ドレイファス

ポストモダン思想は「普遍性」を忌避した。それを信じた近代の帰結は暴力の支配と人間性の敗北だったからだ。誰にとっても妥当する広さの探求そのものに暴力性が内在する、とさえ疑われた。ならば、広さはもはや必要ないのだろうか。

たしかに、普遍性を素朴に主張するのは危険だ。それに当てはまらない人間を無理やり普遍の枠組みに押し込めたり、あるいは逆にそこから排除したりする可能性があるからだ。国家が体制を維持するための普遍性を一方的に主張する場合を考えてみればよい。その普遍性は「全体性」であり、容易に全体主義の暴力に反転するだろう。さらには社会の大多数の人々の意見と少数の人々の意見に折り合いがつかない場合はどうだろうか。普遍的なものは大多数の人々に味方するのではないか。だとすれば、マジョリティの意見を正当化するのが普遍主義であるようにも思われる。

ところが、いかなる普遍性も存在しないなら、暴力を非難する根拠さえ相対化されてしまう。たとえば、東京でテロが発生して、何千人もの命が奪われたとする。そのとき、テロの暴力を非難する根拠をどう言えるだろうか。「言葉の論理」ではテロリズムを批判できず、それを抑止するのは「力の論理」だけだとすれば、結局は力の強い者が勝つだけだ。私たちはそういう社会を選び取ってこなかった。だからこそ、私たちには正しさの感覚が生きているのである。

普遍性を奪還することは、ポストモダン以前の社会に逆戻りすることを意味しない。そうではなく、ポストモダン思想が提起した近代に対する反省を含めて、新しい「広さ」の形を模索しなければならない。チャールズ・テイラー（一九三一年生）とヒューバート・ドレイファス（一九二九—二〇一七年）の戦略はこうだ。まず、実在にアクセスする方法の複数性を承認すること。そして、普遍性をつねに開かれた状態にしておくこと。ひとことで言えば、統一性なき普遍性の可能性——これがテイラーとドレイファスが提起する「多元的実在論」である。

1　自然科学と人文科学の広さ

自然科学の客観性

自然科学が広範な客観性を創出することに成功した理由を考えたことがあるだろうか。たとえば、水は水素と酸素の化合物であり、動植物の生命維持に不可欠であること、アルカリ金属と激しく反応すること……ふつう、私たちはこれらの科学的事実を疑う動機を持たないばかりか、直観によって与えられる知覚世界に比べて、科学的世界像はより精密に規定された客観性を有し、だからこそ科学者の言明は信頼に値するという確信を持っている。

それだけではない。私たちは物理学や化学の知見が実際に生活を豊かにしていることも知っている。自然科学は客観的であるだけでなく、人間の生にとって有用なのである。たとえ科学技術によって引き起こされる未決の諸問題（環境／資源の有限性、戦争と科学、クローン技術の倫理的問題など）があったとしても、常識的には科学技術なしの生活はほとんど不可能だし、科学の発展に伴うリスクと弊害を考慮に入れて対処しさえすれば、科学は生活を改善する「よい」ものだと考えている。この点については、私も同意見である。

だが、科学の客観性の根拠とは何か。このことがひとたび問われると、それに答えることはそんなに簡単ではない。「学校で科学は客観的だと教えられた」、「科学技術が応用された製品が社会にはたくさんあり、それらは実際にうまく機能している」、「科学を支える数学は世界共通言語である」……。千差万別の答えが返ってくるだろう。

科学の客観性の根拠について厳密な仕方で考察する学問を「科学的実在論（Scientific Realism）」と呼ぶ。科学哲学者の戸田山和久は「科学的実在論」を「常識的実在論」と区別して、その違いをこう説明している。

> 科学的実在論論争で問われているのは、観察可能なミドルサイズの物的対象の存在ではない。科学に登場する理論的対象の存在性格こそが問われている。科学にはさまざまな対象が登場する。まず、人体・ボール・月などの観察可能な対象がある。これらが心と独立に存在することは、科学的実在論論争にかかわるどの立場も認めている。この論争は常識的実在論を不問に付した上での対立なのである。（戸田山 二〇一五、四頁）

観察可能なミドルサイズの物的対象（人体、ボール、月など）が心から独立に存在すると考えるのは常識的実在論である。すなわち、常識的実在論は自然な物の見方を反映した立場で、物は心とは独立に存在する、と考えるわけである。それに対して、科学的実在論は、常識的実在論の立場を前提としたうえで、直接目で見たり触ったりできない理論的対象（電磁場、原子、原子核、電子、クォーク、光子など）の実在性を議論する（同書、四頁以下）。自然に生きているぶんには、理論的対象を目で見ることはないし、それに直接触れることもない。しかし、科学理論では「理論的対象が実在するか否か」は重大な問題になる。原子や電子が虚構にすぎないとしたら、自然科学は虚構を対象とする学問ということになってしまうからだ。

戸田山自身は、「科学的世界像を、われわれの認知リソースと実在のあり方、両方から制約を受け、両方が合作して作り上げている共同作品のようなものとして考えてみること」（同書、三〇二頁）を提案している。つまり、自然科学の世界像は世界の存在をそのまま写し取った写真ではないし、世界とは無関係な人間の認識の構築物でもない。存在か思考かの二者択一ではなく、世界と人間の認知の共同作品が科学的世界像の本質である、と戸田山は言う。

既存の理説の対立を調停しつつ科学的実在論の新しい次元を見出そうとする戸田山のモチーフは、本章で見ていくテイラーとドレイファスの「多元的実在論」、また次章で扱うマルクス・ガブリエルの「新しい実在論」とも重なっている。しかし、ここで注意すべきは、現代の実在論者の多くは独断的な科学的実在論には批判的であることだ。

たとえばハーマンは、原子論は対象を解体し同時に埋却する戦略だと批判した。また、ドレイファスはAIが人間のような心的意味世界を持つことの不可能性を現象学的に論証している（ドレイファス一九九二）。さらに、ガブリエルは人間的認識の一切を脳に還元する「神経構築主義」に強く反対する（Gabriel 2017）。

無論、現代実在論は科学の客観性を疑っているわけではない。むしろ逆で、自然科学が作り出す普遍性を基本的には認めている。ならば、どのような条件下で科学的実在論は問題視されるのだろうか。問題の本質はこうである――自然科学が広さを作り出すための方法を持つのであれば、人間と社会の意味を扱う人文科学も自然科学と実証主義に追従すべきかどうか、である。これをあえて脳科学の文脈で言うなら、「心」は「脳」の物理的因果連関に還元されるのか、ということになる。

要するに、自然科学が排他的システムとなって、唯一の世界像として崇められるとき、現代実在論は異を唱える。しかし、科学的世界像を絶対視する科学主義は不当な越権行為を犯していて、ほんとうに人間の未来を暗くするのだろうか。そして、現代哲学はそれを批判するだけでなく、代替案を準備しているのだろうか。

科学と生

現代の科学的実在論の一例を見てみよう。心的現象を説明する心理学的概念は神経科学の概念に置換可能である（＝消去的唯物論）とするポール・チャーチランドは、自然科学は世界の実在的秩序を最もよく表現する理論体系だとしたうえで、知覚について私たちが使用する一連の概念を科学的概念に置換できれば、知覚そのものの構造が真なる実在的秩序により近づきうるとしている。チャーチランドは次のように述べる。

我々の知覚判断はもはや、何が世界に存在するかということに関して、独立で理論中立的な決定者という特権的な資格を与えられはしない。理論の優秀さが全存在論を決する根本的な尺度となる。したがって、科学の機能とは、知覚レベルにおいてさえ、世界についてのより卓れた、そして（長い目で見れば）おそらく根源的に異なる構想を我々に提供することだと考えられるのである。（ポール・チャーチランド 一九八六、一三頁）

興味深い一節である。まず、知覚判断がそのまま対象の実在性を基礎づけるとは言っていないことに注意が必要である。知覚判断はそもそも中立的ではなく、背景にある諸理論によって構築されているからである（＝理論負荷性）。その意味でチャーチランドの科学的実在論は、論理実証主義以来の科学的実在論の発展と挫折を踏まえており、決して素朴なものではないが、それでもそこに二つの暗黙の前提を指摘することができる。

(1)世界は実在的秩序として存在し、最新の科学理論はその秩序を正確に反映する。

(2)人間の知覚は理論負荷的である。だから、実在の構造と内容をより深く把握するためには、人間の認識に最良の理論を与えればよい。それが自然科学の理論である。

世界の実在の秩序は科学的営為によって記述される。科学とは適切な専門用語で記述される理論体系だが、その概念は日常概念より精密に定義され、したがってより信頼できると考えられる。知覚は発生的には理論負荷的に構造化されるのだから、それは科学の言語ゲームを通じてより正しい構造に向けかえることができるはずだ。チャーチランドの推論はおよそこうである。

だが、彼の推論は根本的に転倒していないだろうか。私の考えでは、科学の秩序に生の秩序を押し込もうとするのは背理であり、チャーチランドの主張は生と認識の根源的関係を逆にしてしまっている。たとえば、幼い子どもが水を飲みものとして認知し、また汚れた手を洗い流すためのものとして認知するのは、子どもが「水は水分子の集合体である」という科学的事実を日常言語に反映できないからではなく、子どもの生きる関心に対して水の意味と目的が中心化されているからにほかならない。

ここで重要なのは、生の現場は数学的精密性を必ずしも要請しないということだ。子どもにとって水は飲みものとして認知されれば十分なのであって、それ以上細かく規定される必要はない。水分子の集合体としての水が正確な認識で、透明な飲み物としての水は曖昧な認識であり、したがって科学的言語は日常言語を代替できるという発想は、生と認識の順序を完全に転倒させてしまっているのだ。

科学を精密に規定する概念は、生のあらゆる場面で役に立つわけではない。だからこそ、科学は生を一方的に規定することはできない。むしろ実情は逆であり、自然科学は生と言語（記号）と存在の特殊な一形態にすぎないと言うことも可能だろう。（相関主義的には）自然科学もまた、生の関心との相関関係にある。チャーチランドの議論は多くの点で優れているが、生の根本機制を完全に科学化＝数学化できると考えるのは、科学の形而上学化から現われる表象の誤謬のように思える。

ところで、科学的実在論には、人間と社会の価値の根拠を神経科学的に基礎づけようとする試みも存在する（パトリシア・チャーチランド 二〇一三）。その革新的な試みは、これまで議論されてきた概念の倫理学に実証的エヴィデンスを付け加えるという点では意義があるだろう。また、パトリシア・チャーチランド自身も過度な科学主義の弊害については自覚しているようだ。しかし、現代思想で扱われるいくつかの重要な問題——たとえば、多様な価値観や感受性を持った人々が、民族、言語、宗教、人種、出自、セクシュアリティなどの特定の帰属意識によって差別されずに共生するための原理を見出すこと——は、倫理と脳のメカニズムの因果的対応関係では解決できないという事実を、はっきりと意識していない。後に詳しく見るが、これは科学と文化の摩擦の核心に触れる問題である。

社会的‐文化的差異を相互に承認しつつ、共通了解を創出するためには、唯一の客観認識というものを前提してはならず、一方で共通認識が、他方で多様な世界認識が現われる条件と構造についての哲学的考察が必要になる。科学的認識がしばしば文化的認識と対立するのは、ひとことで言えば、科学が唯一の客観認識の権利を主張するからにほかならない。

独断的な科学主義に対抗するには、自然科学と実証科学の認識を相対化しなければならない。しかし、だからといって、自然科学の客観性は容易に棄却されるものでもない。野家啓一が指摘するように、科学哲学の独断性を解体したうえで、新たな合理性のためにそれを再構成することこそ、現代科学哲学の喫緊の課題の一つなのである（野家 二〇一三、五二頁以下）。要するに、自然科学を論理的に相対化するだけでは、自然科学と人文科学の新しい学的可能性を開くことはできないのだ。

繰り返すが、私は自然科学の客観性と有用性に疑いを持ってはいない。しかし、科学的世界像が唯一の絶対的真理とみなされ、物理的因果連関に還元されない秩序はすべて虚構とみなされるなら、そのような像は転倒していると言わざるをえない。自然科学の理論もまた、具体的かつ実践的な生の場面から現われた一つの理論体系であり——それが世界の「実在的秩序」を反映するのか、人間の「間主観性」に還元されるのか、世界と人間の「共同作品」なのかについては議論が分かれるとしても——自然科学が生のすべてを解明し尽くすことは決してできないのだ。

実証主義も万能な方法ではなく、適用可能な領域は制約されている。あるいはまた、こうも言えるだろう。自然科学は意図的に考察の対象を事実に限定することで、人類史上稀にみる広範な客観性の創出に成功したのだ、と。私たちは生きるために認識するのであって、決してその逆ではないのである。

自然の数学化

自然科学の客観性の根拠については、「自然の数学化」という言い方でフッサールが特筆すべき見解を出している。また、超越論的観念論は自然科学の客観性をどのように考えるのか、ということを前もって明らかにしておくことは、観念論と——テイラーとドレイファスの言葉では「媒介説」と——比較した実在論の特徴をより明確にするだろう。

誤解を避けるためにあらかじめ述べておくと、後に見ることになるテイラーとドレイファスの立場は「多元的で頑強な実在論」である。したがって、彼らは自然科学の認識が間主観性に還元されるとは考えない（また、自然科学は生と相関的だとも言わない）。テイラーとドレイファスにしたがうなら、自然科学の対象は〈どこでもないところからの眺め〉によって規定される自体存在である。ただし、テイラーとドレイファスは独断的な科学主義には反対して、文化の多様性を擁護していることも付記しておくべきだろう。

では、数学の研究から出発したフッサールの議論を参照しながら、観念論の立場での自然科学の客観性の条件を確認しよう。

フッサールによれば、近代自然科学の第一条件は数学の改造である。近代以前のユークリッド幾何学と古代数学一般は、公理的な基礎概念と原理から演繹的に導かれる数学的全体性という理念を持ってはいたものの、依然として「有限」の観念に結びついていた。それに対して、解析幾何学と代数学に代表される近代数学は、存在するものの「無限」の全体は数学的な合理性によって統一されている、という新たな理念を見出した。すなわち、宇宙全体は数学的秩序にしたがって構成されている、と考えたのである。

数学者でもあったデカルトやライプニッツが、この普遍数学の理想を自覚的に引き受けたことはよく知られているが、自然科学の領域でも、自然の本質は数学によって徹頭徹尾明らかにされる、という数学的自然科学の理念が作り出される。時代的にはデカルトより少し前になるが、ルネサンス期の天才ガリレオ・ガリレイの達成は、近代自然科学のマニフェストと呼びうるものである。ガリレイは、「自然の数学化」によって自然それ自体を数学の秩序に置き換える——どういうことだろうか。

私たちは物を数学的な精密さで経験することはない。数学的意味での純粋な直線、純粋な点、純粋な平面などは総じて理念的なものであり、現実世界でそれらを直接経験することはできないからである。その代わりに、私たちは「まっすぐである」、「丸みを帯びている」、「鋭利である」などと物の形態を表現する。それらの表現は私たちの物理的身体に対して相対的なものだ。では、自然科学は数学的精密さといかに結びつくのだろうか。

ここで原始社会における実践的生の場面を考えてみよう。すると、物体の形態についての表現は程度問題であることが容易に想像できる。たとえば、彼らは「動物を狩るために鋭利な石が必要である」、「家を建てるためにまっすぐな木を用意する」といった仕方で、さまざまな自然物を利用し、必要に応じて適宜加工していたにちがいない。だが、鋭利な石やまっすぐな木という段階では、まだそこに数学的な精密さは入り込んでいない。

場合によっては、石をさらに鋭利にしたり、木材をさらにまっすぐにしたりする必要が出てくる。そのための技術改良が行なわれるたびに、物体を測定したり加工したりするための理論と実践は、少しずつ正確になっていく。すなわち、生活の必要から技術改良は漸次的に進んでいくのだ。とはいえ、それはどこまでも生活の必要を満たせばよいのであって、数学的精密さは要請されていない。しかしながら、この繰り返し漸次的に進んでいく過程は、物体の認識にそれまでにはなかった観点を付け加えることになる。さらに鋭利にすること、さらにまっすぐにすることを繰り返し実現していくプロセスの先には、完全に鋭利であること、完全にまっすぐであること、という極限の形態の理念があるからだ。物体に理念が重なる瞬間である。

極限の形態という理念に関心を持つのは数学である。数学は経験的な実践が決して到達できない精密さを獲得しているので、実践的な測量術は必然的に数学と結びつく。自然は数学的に規定可能な理念としても捉えられるようになり、それが「自然の数学化」の端緒となる。

近代に入ると、真の客観認識とは数学的なものであるという確信が、ますます時代を支配するようになった。注目したいのは、近代自然科学の数学化の理想は、量的なものだけでなく、質的なものにも適用されたということだ（＝間接的数学化）。質的なものも量的なものに変換されることで、客観化＝数学化される――自然は可能なかぎり数学化され、物理的な因果連関の秩序で記述できるものになるのだ。

　ここまでなら科学と哲学のあいだには何の軋轢も生じない。それどころか、自然の数学化は人類の偉大な達成の一つとさえ言えるだろう。ところが、ガリレオが数学的関係の体系だけが客観的であり、その他の認識はすべて主観的である、としたとき、生と認識の関係の転倒が起こった、とフッサールは言う。

> ガリレイは、幾何学と、感性的な現われ方をし、かつ数学化されうるものから出発して世界へ眼を向けることによって、人格的生活を営む人格としての主体を、またあらゆる意味での精神的なものを、さらに人間の実践によって事物に生じてくる文化的な諸性質を、すべて捨象する。このような捨象の結果、純粋な物体的事物が残り、それが具体的実在として受けとられ、その全体が一つの世界として主題化される。ガリレイの手ではじめて、それ自体において実在的に完結した物体界としての自然の理念が現われてくる、ということができるであろう。（フッサール　一九九五、一〇八頁）

つまり、問題の本質はこうなる。ガリレイは自然を数学化することで精密な客観認識を打ち立てたが、数学的認識を絶対化してしまうことで、それ以外の精神的および文化的な対象を学的探究の舞台から引きずりおろしてしまった。生の関心は背後に置きざりにされ、数学と手を組んだ自然科学がひとり歩きし始めたのである。だから、フッサールはこう言う――「ガリレイは、発見する天才であると同時に隠蔽する天才でもあるのだ」(同書、九五頁)。

フッサールの立場では、自然科学の客観性もまた、生の具体的かつ実践的な関心と相関性を持ち、間主観的な経験の共有、すなわち誰にとっても同じように確かめて納得できることによって成立する。だが、それが排他的力学を持ち始めると、数学化することが学問の至上命題となり、結果的に、生、精神、道徳、価値、文化、情動といった数値化されえない事象は、探究の対象から除外される。フッサール自身は「本質学」というスローガンのもとで、意味と価値を探求する普遍学としての哲学の再興を企てたが、その理念が同時代の現象学者たちに十分な仕方で受け取られなかったことは、哲学史上の悲劇の一つである。

実証主義vs.哲学

自然科学の客観性を承認しつつ、人文科学の普遍性も同時に擁護すること。この課題は、フッサールをはじめとする一九世紀後半から二〇世紀初頭のヨーロッパ哲学が取り組んだものである。先に見たように、フッサールは「自然の数学化」という概念で自然科学の客観性の本質を言い当てる。だが、実際には数学化の影響は自然科学だけにとどまらなかった。

説明しよう。一九世紀に心理学、社会学、歴史学の各領域で、自然科学の方法を基礎とする「実証主義」が興隆し、哲学は哲学固有の方法を基礎づける必要に迫られた。たとえば、フランスの社会学者コントは『実証精神論』（一八四四年）において、人間の思索の段階を「神学的段階」、「形而上学的段階」、「実証的段階」の三つに区分して次のように述べている。

> 観察こそ、人間の現実的欲求に正しく合った知識、真に追求可能な知識のための唯一の基礎となり得るものだからである。〔…〕実証的段階における思考の論理は、個別的あるいは一般的なある事実の単なる叙述に厳密に還元できないようなすべての命題には、現実的で理解可能ないかなる意味もない、ということを「根本原則」として認める。（コント 一九八〇、一五六頁）

科学の命題は事実に還元されなければならない。事実に還元できない根本原因を探究する形而上学は、哲学および社会学の発展を妨げる。観察可能な事実を貫く「法則」を見出すのが「科学」であり、それは実証精神にもとづいて探求が遂行される場合にのみ可能となる――哲学は形而上学と袂《たもと》を分かち、事実の探究に向かうべきである――コントは社会学に実証精神を持ち込んだ。そして、その探求の模範は自然科学だった。これはいわば、「社会の数学化」の宣言に等しい。

もちろん、実証主義の圧力に対して、哲学もただ静観してはいなかった。ヘーゲル没後に価値の問題を立て直そうとしたロッツェの新プラトニズム、さらにそこからカント哲学へと回帰する運動が生まれ、コーエン、ナトルプ、カッシーラーなどのマールブルク学派は科学的認識論の基礎づけを試み、ヴィンデルバント、リッケルト、ラスクなどの西南学派は人文科学に固有の方法の基礎づけと価値の問題に再び接近する可能性を模索した。

主流アカデミズムからは疎外されていたものの、一九世紀はニーチェを擁する哲学世代でもあった。生の自己肯定を中心に据えた一切の価値の総転換の試みは、新しい価値哲学の可能性を切り開くはずだった。自然科学の方法に対するディルタイの生の解釈学をここに加えることもできるだろう。

さらに、二〇世紀に入ると現象学が表舞台に登場する。現象学者は意識への「現われ」を第一原理とし、体験から出発することで、普遍学としての哲学を基礎づけようとした。たとえば、初期現象学派のシェーラーは「哲学的世界観」と「科学的世界観」を区別し、後者の特徴を次の二つにまとめている（シェーラー 一九七八、三四三頁）。

(1)記号の意味と使用についての規約を確立し、記号を用いて世界を一義的に説明する。

(2)できるだけ少ない記号で、なるべく多くの現象を簡潔に（経済的に）説明する。

自然科学は、まず基準となる単位を定め、単位化された自然に適用可能な数式を当てはめる。その際、自然科学はより簡潔な記号の結合による方程式で、より広範な現象を説明する理論やモデルの構築を目指す。要するに、「科学的世界観」の根本原理は「約束」と「経済」だとシェーラーは考えた。

それに対して、「哲学的世界観」はさまざまな領域の本質を解明しなければならない。人為的な記号の媒介を離れて、世界は「直観」を通じて直接に「体験」される。そして、その体験を記述するのがシェーラーにとっての現象学なのである。「現象学的哲学は、純粋で無前提で絶対的な認識を与えることを要求する」（同書、三五五頁）のであり、世界認識を目指す「哲学的世界観」に比べれば、「科学的世界観」は相対的なものにすぎない。

実際にはシェーラーはもっと精緻な仕方で議論を展開しているが、それでも「純粋で無前提で絶対的な認識」などほんとうに可能なのか、という疑問は残るだろう。さらに、哲学も記述するために概念を用いる以上、人為的な記号に縛られているのではないか、あるいはまた、直観は純粋かつ絶対的だと言えるのか等々、腑に落ちないところも少なくない。現代哲学でも自然科学と人文科学の関係は問いなおされ、未決のまま持ち越されている。

まとめよう。「実証主義にいかに対抗するのか」という哲学的課題は、一九世紀から二〇世紀にかけての哲学の焦眉の問いであり、シェーラーと類似の努力はいたるところでなされた（生の哲学、新カント派、現象学）。しかし、その課題は決定的な解決を見ないまま現在にいたっている。それどころか、哲学こそが傲慢であり独断的であるという異論が、哲学内外から次々に提起された（ポストモダン思想、ジェンダー論、カルチュラルスタディーズ）。これから見ていくテイラーとドレイファスの努力は、まさしくこの点に関係している。

悪しき本質主義

今後の議論のために、もう一つ補助線を引いておこう。それは、「普遍性」、「本質」、「真理」、「実体」、「実在」を主張する哲学に対する違和感の所在である。すなわち、ポストモダン思想、ジェンダー論、カルチュラルスタディーズが近代哲学のドグマに反対する、その中心の動機を見ておきたい。

科学的実在論は理論的対象の実在性を論じることはあっても、どのイデオロギーを支持すべきなのかについて論じたりはしない。たとえ心脳同一論者が正しくて、意味や価値は究極的には脳に還元されるとしても、そのことで社会的 - 文化的差異が直接抑圧されたりはしないだろう。つまり、実証主義と科学的実在論の系譜は、人間的生の本質を扱おうとする哲学にとっては仇敵だが、それ自体が抑圧の原理として機能することはあまり考えられない。

ここで自然科学の「客観性」に対して、人文科学の「普遍性」を対置すれば万事うまくいくだろうか。すなわち、本質（意味と価値）の普遍性で、事実の客観性に対抗することができるだろうか。たとえば、無限かつ完全な神に本質の根拠を保証させる、「事実は存在する」に対して「価値は妥当を要求する」と主張する、本質それ自体を実体化するなど、いくつかの方法がある。ところが、近代哲学の主張する「普遍性」は、実証主義や科学的実在論からだけでなく、哲学の内部からも激しく批判された。そこには、およそ二つの理由がある。

(1)本質の普遍性は社会的 - 文化的多様性をうまく説明できない。哲学が信じる価値の普遍性はヨーロッパ・ローカルなものである。
(2)本質の普遍性は全体主義に帰結する。善悪の根拠が独断的なものになり、その全体性に敵視された者が経験する凄惨な末路は、大量虐殺や人体実験を含め、多くの歴史的事実が証言する。

要するに、本質の普遍性は危険である。なぜなら、それは社会的 - 文化的多様性を一つの枠組みに押し込めようとするものであり、そのような枠組みを前提するヨーロッパ的発想こそ諸悪の根源であるから。奴隷制、植民地支配、世界大戦、ナチズム、スターリニズム――人間性の敗北を象徴する悲惨な出来事は、真理は普遍的であるべきだという独断性そのものから現われたのではないか。人文科学の普遍性がうまく創出されない理由の一つは、普遍性と暴力の因縁にあるのだ。

プラトン以来の伝統として、哲学には「本質主義」という立場がある。一般に本質主義とは、「対象はそれが何であるかを規定する本質を有し、本質は対象に付随する偶然的な性質とは区別される」とする立場を指す。たとえば、ペットボトル、水筒、ポットについて考えてみよう。いずれも飲み物の容器という点では同じ性質を持つが、それぞれを区別する本質をさしあたりこう規定してみる。

ペットボトル――持ち運びやすい飲み物の容器
水筒――持ち運びやすい保温機能のついた飲み物の容器
ポット――保温機能のついた飲み物の容器

ペットボトル、水筒、ポットにとって、メーカー、色、デザイン、光沢などは偶然的な性質であり、それらの本質とは言えない。水筒が赤なのか黒なのか、スタイリッシュかどうかといったことは、ほかの色やデザインでも水筒は水筒でありうるという意味で、偶然的な性質だからである。他方、持ち運びやすさや保温機能は本質的な区分になるだろう。私たちがペットボトル、水筒、ポットを相互に区別する根拠、つまりそれがそれであるために必要な性質が本質なのである（もちろんよく考えれば、持ち運びやすい保温機能のない水筒のようなグレーゾーンもあるが、ここでは議論を分かりやすくするために単純化している)。

次に、プラトンのイデア論にならって、本質はこの世界の向こう側に実体として存在しており、あらゆる対象は本質を分有することで同一性を獲得すると考えてみよう。そして、実験的に、明確な悪意を持ってこの本質主義を「男」と「女」に適用するとどうなるだろうか。

男――Y染色体と選挙権を持つ、外で働くたくましい者
女――Y染色体と選挙権を持たない、家を守るおしとやかな者

男は外で働くべきだし、女は家で子育てをするべきである。男はたくましくあるべきだし、女はおしとやかであるべきである――性差は社会的に構築されたものであると主張するまでもなく、いまとなってはこれらの差別的観念は論外だが、女性の参政権が世界的にようやく承認されたのは二〇世紀に入ってからのことである(世界初の女性参政権はニュージーランドの一八九三年)。そして、現在もなお、「ジェンダー平等」を実現するために、多くの良識ある人が不当な性差別と戦い続けている。

このように、運用の仕方を間違えると本質主義は容易に暴力に反転することが分かる。ここで不当な差別や抑圧をもたらす本質主義を、「悪しき本質主義」と呼んでおこう。悪しき本質主義は、本質それ自体を対象の絶対的な規定性とみなす。認識は単純化されて分かりやすくなるが、本質カテゴリーが権力関係と結びつく場合には、危険な思想になる。大多数の者が少数の者を、力ある者が力なき

者を一方的にカテゴライズし、独断的な規定を押しつける――あいつらは本質的に劣った者たちだ、と。

　普遍主義と本質主義に対する嫌悪感は、それらが暴力や差別とどこかで結びついているという直感にその源泉を持つ。実際には、プラトンやライプニッツに代表される伝統的本質主義の根本動機はむしろ逆で、善の根拠を担保するために本質の実体性を論じたのだが、私たちは少なくとも普遍主義と本質主義を素朴に主張する危険性を理解しておかなければならない。

　パワーゲームに利用される悪しき本質主義は、社会と文化のさまざまな領域で摩擦を引き起こす。問題の所在を具体的にするために、エドワード・サイードの『オリエンタリズム』の有名な一節を引用しておこう。

> オリエンタリズムのなかに現われるオリエントは、西洋《ウエスト》の学問、西洋人《ウエスタン》の意識、さらに時代が下ってからは西洋の帝国支配領域、これらのなかにオリエントを引きずりこんだ一連の力の組み合わせの総体によって枠付けられた表象の体系なのである。（サイード 一九九三、(下)一四頁）

　いかなる意味でもオリエントそれ自体はありえない。オリエンタリズムの「オリエント」というのは、異国情緒への好奇な視線によって一方的に構築された表象の体系である。政治的なパワーヒエラルキーが、オリエントという概念の規定性にはすでに入り込んでいる。エゴイスティックに対象を規定する本質主義的思考こそが悪の元凶であり、本質とは相対的に構築されたものであることを徹底的に暴露しなければならない。さもなければ、虐《しいた》げられた者の政治的解放はありえない。サイードの本質主義への反対は、悪しき本質主義の罪過を示しているのだ。

カルチュラルスタディーズの代表的論客でもあるテイラーは、意味、価値、真理、本質、普遍性といった概念の危険性と、予想される社会的‐文化的マイノリティからの反発を熟知していた。それでも、価値の普遍性は何らかの仕方で擁護されなければならない、とテイラーは考える。善悪の価値秩序にいかなる根拠もないとしたら、暴力に対抗する術がないからである。

2　媒介説から接触説へ

媒介説という一般像

テイラーとドレイファスの戦略はこうである。それぞれの文化に特有のパースペクティヴからの認識が実在を記述できることを認めつつ、自然についての〈どこでもないところからの眺め〉（＝自体存在）も擁護する。つまり、自然科学の理論だけでなく、文化的認識も実在に関与している、と考えるのだ。

だが、そのためには、通俗的な観念論の伝統を破壊し、哲学を実在論に向けかえる必要がある。テイラーとドレイファスは、哲学に広く蔓延している物の見方を「媒介説」と呼ぶ。媒介説とは、「認識者は観念、表象、意味などの（心的）媒介を通じてのみ、外的実在（物）にかかわることができる」と考える立場である。そのような枠組みでは、知識は外的世界の正しい表象であるとみなされる。

たとえば、リンゴを認知する場合、その実在性の根拠はリンゴの像が意識に与えられていることにある、と媒介説は主張する。赤くて丸いリンゴが見えているから、リンゴが現実に存在することを認知する。逆に言えば、意識への現出なしでは、リンゴを認知することはできない。私たちは実在するリンゴに、リンゴの像を介してのみアクセスできるのであり、ゆえに、リンゴについての知識とは、リンゴそれ自体の正しい表象である。これが媒介説の物の見方である。

近代哲学における媒介説の代表的な擁護者はデカルトとロックであり、したがってそれは、絶対に疑いえない認識の基礎単位を獲得しようとする「基礎づけ主義」とも関連している。たとえば、ロックは『人間知性論』でこう述べる。

> 感官の対象は、その大部分が私たちの望むと望まないとにかかわらず、個々の観念を心へ押しつけるし、心の作用は、私たちにこの作用をすくなくともぼんやり思念させずにはいないからである。〔…〕私たちを取り囲む物体が諸器官をさまざまに感触するとき、心は印銘を否応なしに受けとって、この印銘に結びついた観念の知覚を避けることはできないのである。（ロック 一九八〇、八四頁）

感官の対象である外的事物は、〈私〉の意識の向こう側からさまざまな観念を与えてくる。竹田青嗣の優れた表現を使えば、知覚像は意識に到来するのだ（竹田 二〇一七a、三四三頁）。その所与は意識の自由にはならないが（それは否応なしに見えてしまっているから）、何らかの観念が与えられることで、〈私〉は外的事物の存在を認知することができる——というよりもむしろ、意識の自由にはならないという事実こそが、外部世界の実在の動かしがたさを確信する条件になるはずだ。ロックでは、観念を持つことと知覚することは同じであり、感覚的経験によって初めて観念を持つことになる（＝生得観念の否定）。

　自然を映す鏡としての心という構図、心は実在を映す鏡であり、「鏡を点検し、修復し、磨きをかけることによって、より正確な表象を手に入れようとする戦略」（ローティ 一九九三、三一一頁）は、後にローティやクワインなどのプラグマティストから痛烈に批判されることになる。しかし、媒介するものが「表象」ではなく「言語」（「言語論的転回」）や「物理的刺激」（「自然化された認識論」）になったとしても、何らかの「媒介」によって外的実在にアクセスするのであれば、それらも媒介説を変奏したものにすぎない。

　以上のことを踏まえると、旧来の「心身二元論」を前提とした哲学だけが媒介説ではないことになる。そこには「言語論的転回」以後の分析哲学や、事実の認識を重視する科学哲学も含まれる。真に存在するのは物的秩序なのか心的秩序なのかは問題ではなく、物と心という枠組みそれ自体を暗黙裡に前提する哲学は、すべて媒介説に巻き込まれる可能性を持っている。

　テイラーとドレイファスによれば、媒介説の本質的特徴は四つにまとめられる（ドレイファス＋テイラー 二〇一六、一六頁以下）。

(1)「介してのみ」という構造——心／生物個体の何らかの特徴を介してのみ、外部世界にアクセス可能である。
(2)明示的な要素——知識の内容は明確に定義される明示的な要素に分解される。
(3)信念の正当化——信念は明示的な要素から構成されるので、信念を正当化する場合にも、明示的な要素の背後にまわることはできない。
(4)二元論的分類——心的‐物的という区別。心的なものはすべて物の秩序に還元できると考える場合でも、還元されるべき心的なものというカテゴリーを前提している点で、二元論的分類の影響下にある。

この四つの特徴を念頭に置けば、脳はデジタルコンピュータのような働きをすると考える「コンピュータモデル」でさえ、実はそれと気づかないまま「媒介説」の伝統を踏襲していることが分かるはずだ。それぞれの対応関係は次のようになる（同書、二四頁）。

(1)このモデルでは、心は環境から「入力」を受け取って「出力」を生み出すものとして語られる。
(2)計算は、処理を受ける明確に定義された情報の集まりを基礎にして進んでいく。
(3)コンピュータとしての脳は純粋に「統語論的なエンジン」であり、計算が世界への「指示」を獲得するのは、これらの「入力」を介してである。

(4)これら心の働きの説明は物理主義的基盤のうえでなされ、心的操作はその基礎となるエンジンである脳の物理的作用によって説明される。

入力を媒介にして出力を生み出すというコンピュータモデルの発想、そして、その入力されたデータには明確な基礎単位があるという考えは、明らかに媒介説のものである。つまり、こう言えるだろう。一見すると、デカルトやロックなどの伝統的な観念論と決別しているように思える哲学も、媒介説という観点から見直された場合、依然として伝統の内部にとどまっている、と。

デカルトは「精神」と「物体」の本質をそれぞれ異なるものと考え、「心身二元論」のアポリアを生み出した。それはこれまで多くの識者から批判されてきた。ところが、デカルトを批判し、心を物に(あるいは物を心に)還元する一元論の試みも――心と物は何かに媒介されていると考える点で――心と物の区別を相変わらず踏襲している。「媒介説」という一般像はそれほどに根深く、現代の認知科学ですらこの伝統の一部になっているのだ。

したがって、より正確に言えば、観念論であれ実在論であれ、これら四つの本質的特徴を有する哲学はすべて媒介説であることになる。そして、その図式では、私たちが体験している世界の実在性をうまく説明できない、とテイラーとドレイファスは言う。だが、媒介説のほかに有力な考え方はありうるのだろうか。

媒介説の動揺

順を追って説明しよう。観念を通して外的実在にアクセスするという媒介説のプロトタイプを、はじめに動揺させたのはカントである。というのも、カントは感覚的な印象に「……について」という性格をすでに認めていたからである。つまり、（内側の）感覚与件もすでに（外側の）何らかの対象についての感覚である、とすることで、心と物の二項対立がぐらつき始めたのだ。

テイラーとドレイファスによると、カントに続いたのは、ハイデガー、メルロ＝ポンティ、ウィトゲンシュタインである。三者に共通するのは、世界への実践的な関与を強調したことだ。現存在は世界のもとで慣れ親しんで住まう（ハイデガー）、身体の本質は可能性を目指して世界に関与する実存である（メルロ＝ポンティ）、世界分節とは「言語ゲーム」に巻き込まれ、その規則に慣れ親しむことである（ウィトゲンシュタイン）……いずれも媒介なしに関与する、ということがポイントである。

実践的に世界に関与する場面では、媒介なしに実在と直接接触している。そのとき、私たちは直接かつ無媒介に、あるいはよく慣れ親しんだものとして、周囲世界のさまざまな物とうまくやっている。だとすれば、世界のなかを動きまわり、対象に働きかけるという実践的な活動では、内部と外部という二項対立は存在しない。要は、実践的な行為では身体は世界に直接接触している。身体が行為を自動的に最適化するのだ。スポーツを例にとると分かりやすい。

たとえば、ラグビーでボールをうけて、敵をかわし、味方にパスをつないで、トライをとる場面。選手の身体はフィールドのライン、敵との距離感、味方の位置を先行的に理解している。そこで選手は特定の何かを意識しているのではなく、ボールをうける以前に、いわばフィールドとゲーム全体を了解している。相手選手とどの距離感でステップをきり、どういう向きで敵をかわして、その瞬間どの位置に味方が走り込んでくるのか、どの程度のスピードでパスをすれば味方選手はうけとれるのか。実践的な対処の過程では、それらのことは観念を抜きにして直接感じられている。理性の手前で、身体が最適な判断をするのだ。むしろ余計な観念にとらわれるとき、一連のプレーはうまくいかないことが多い。スーパープレーは、ゲームに無我夢中にのめり込んでいるときに生じる。このことは多くの選手の体験に共通しているはずだ。テイラーとドレイファスは、媒介説を乗り越える可能性をこのような身体性に見て取る。

　もちろん、実践的な行為には、理論的な反省的対象化によって積み重ねられた知識が反映されている。「あの場面では、もっとこうした方がよかった」、「後から映像を見ると味方のフォローがここにも来ていたのか」など、実践的な対処活動を後からふり返り、それをまた次の実践に活かすことが有意義であるのは間違いない。対処活動での非概念的な先行理解には、たしかに概念的な把握が活かされているのである。しかし、にもかかわらず、テイラーとドレイファスは実践的な対処活動の優位を強調する。

> どんな反省的、概念的思考活動の場合も、それらがもてる内容は、背景的理解によって成立する文脈内に思考活動が位置づけてきたものにかぎられるのである。そして当の背景的理解は、日常的な対処活動の基盤であるとともに、日常的対処活動のなかで生み出されるものなのだ。（ドレイファス＋テイラー 二〇一六、八九頁）

反省的に何かを捉える場合、そこで捉えられるのは日常的な対処活動を支える背景の文脈に限定される。ハイデガーの術語を使うなら、この背景は——ふつうはそれと意識することなく——気遣いに相関する意味連関として現われている、と言えるだろう。そのつどの関心と状況のコンテクストに依存するこの背景的理解は、日常的な実践の積み重ねで徐々に編みかわる（反省が活かされる）。しかし、いずれにせよ、実存的身体の実在世界への直接的接触が先行しているのであって、観念、表象、（概念的）意味を媒介にした反省的活動は事後的なものにすぎない。

　背景的理解については、竹田の提唱する「欲望論」がさらにクリアなビジョンを与えてくれる。竹田は「意味」の本質についてこう書いている。

> 対象の認識とは、単にその形象の知覚ではなく、対象という目標に到達するためになされるべきことの総体が、その順序性、優先性、重要性という秩序において分節的に把握されることである。生き物がある対象を認知するとは、企投さるべき目的性という「遠近法」の中心から対象を直知的に把握することであり、「意味」とは、このプロセスにおける目的相関的な為されるべきことについての分節的な了解可能性にほかならない（知覚が一瞥的な、すなわち直知的構造として構成されることは、生き物にとって必須の生存条件でもあろう）。（竹田 二〇一七a、四六〇頁）

「意味」とは「目的相関的な為されるべきことについての分節的な了解可能性」であり、しかもそれは一瞥のうちに直知的構造として構成され、把握される。トライをとる、という目的に対して、味方と敵の散らばり方、自分とフィールドの位置関係、空いているスペースなどが一瞥のうちに了解され、身体は目的達成のために為されるべきことについて優先順位をつけるのである（こうやって、ああやって、こうすればトライをとれる）。実存的身体は、欲望が動くと同時に可能性（……しうる）を目指して実践的に目的を企投し、そうすることで知覚野全体は順序性、優先性、重要性の秩序として分節される。身体はそのつどのコンテクストの限界に応じて、しかしなお目的に対する最善の結果を手にできるように対処するのだ。

まとめよう。認識の構造について理論的に反省すると、あたかも何らかの基礎的要素を媒介にして、外的実在についての判断や知識が組み立てられているように思える。しかし、実践的にはそうではなく、身体は外的実在に直接接触している。理論は実践における背景的理解を前提とする以上、観念論によって実在論が無効化されるのはおかしい。むしろ、実在論こそが擁護されるべきなのだ。

媒介説／接触説をさらに考える

媒介説は実践的な対処活動をうまく説明できない。だから媒介説という描像は棄て去られなければならない。さらに重要な問題がある。媒介説は相対主義に変貌する。哲学的には、これこそが最も憂慮すべき事態である。次の一節は、再び「広さ」（普遍性）を奪還することが、テイラーとドレイファスの根本動機であることを窺わせる。

媒介説は反動によって懐疑主義、相対主義、そして、さまざまな形式の非実在論に結びつく。ひとたび真理を確立するための基礎づけ主義の議論が上手くいかないことがわかると、自己に閉じこもり超越的な世界との接触を失った主観というイメージが残されることになる。〔…〕論争の当事者たちは、それぞれが自分の像のなかにすっぽり入っているのだとすると、どのようにして自分の議論を共通して入手可能な要素に基づけることができるというのだろうか。（ドレイファス＋テイラー二〇一六、九一—九二頁）

媒介説は独我論的相対主義になる。というのも、それぞれの〈私〉が〈私〉に固有のレンズで世界を眺める、というイメージをもたらすからである。そうして〈私〉は超越的な世界との接触を失い、主観的な所与と客観的な実在との隔たりが強く意識されるようになる。誰もが同じように見ることのできる実在という共通項を失い、〈私〉と〈他者〉の共通了解の可能性は閉ざされてしまう。あるいはこうも言える。実在的世界との直接的な接触において、〈私〉は事物に触発されつつ事物に働きかけるという「受動性」と「能動性」の相互浸透を生きているが、そこでは〈私〉と実在が分裂していないからこそ、誰もが同じ世界に生きているという共通感覚の基盤が維持されるのだ、と。

ある全体論的な背景のなかで自分を方向づけることによって、その全体論的な背景を開示するとき、わたしたちは独立した客観的実在を正しくつかもうと努力する主観ではなく、むしろ、指示電波の示す航路に沿ったままでいようとするパイロットのように、わたしたちを引き込んで進行中の対処活動を継続させる力の場に没入している。そのような活動においては心と世界のあいだ

の距離がないので、概念的内容が心と世界の関係を媒介する必要もない。(同書、一三七頁)

デカルト以後の哲学の努力は、主観と客観をいかに一致させるのか、ということに注がれてきた。どういった信念であれば対象それ自体と合致しているのか、どのような条件があれば臆見は知識になりうるのか、つまり、真理は対象の本質に一致しなければならない、と考えられてきたのである。その努力の背景には、真理の不可能性を主張する相対主義との対決があった。

ところが、この構図そのものが不合理だとしたらどうだろうか。その場合、これまでの争点はズレていたことになる。媒介なしに世界を直接覚知しているのなら、そもそも主観と客観の一致は問題にならない。少なくとも、私たちが共通の世界に生きているという事実を、哲学の出発点として確保することができるだろう。そうして、そこから新たな哲学を始めればよい。

さて、「媒介説から接触説へ」という認識論の構造転換は、これまでの観念論 - 実在論論争に一定の見通しを与える、ということまでは分かった。だが、それだけでは問題の本質的解決にはならない。接触説は始まりであって終わりではなく、自然科学と人文科学を調停する新しいモデルを提起することが真の課題だからだ。

まず、私たちが必要とする「広さ」をはっきりさせよう。奪還すべき広さとは、大きくは自然科学の客観性と善悪の秩序の普遍性である。つまりこうだ——あらゆる認識が相対的なものにすぎないのなら、(1)自然科学が打ち立てた広範な認識の客観性を説明できず、(2)善悪の普遍的根拠を見出す可能性も潰えてしまう。しかし先に示唆したように、相対主義的媒介説の反対の極には、独断的な科学的実在論と悪しき本質主義が控えており、それらの論理にも対抗できる哲学を構想しなければならないのだ。

端的に言えば、ここでは古代ギリシアから存在する相対主義と独断主義の対立が再演されているのだ。フッサールなら、あらゆる存在を超越論的主観性において構成されたものとみなし（独断主義への対抗）、間主観的確証を創出するための共通の条件を探究することで（相対主義への対抗）、相対主義と独断主義の対立を克服し、普遍学としての哲学を打ち立てようとするだろう。これは信念対立克服のための観念論的戦略である。

それに対して、テイラーとドレイファスは別の選択をする。それは多様な信念を共存させるための実在論的戦略と呼べるものである。観念論的戦略と比べた場合、この戦略の特徴は、(1)科学の客観性を間主観性に還元せず、〈どこでもないところからの眺め〉を擁護すること、(2)それぞれの文化に特有のパースペクティヴからの実在へのアクセスも認め、文化的多様性を擁護すること、である。要するに、科学と文化、双方の言い分に配慮しつつ実在論を組み立てようというわけだ。

クリプキの「科学的本質主義」とローティの「デフレ的実在論」に対して、テイラーとドレイファスは自らの立場を「多元的実在論」と呼ぶ。

3　新たな広さの行方——多元的実在論

クリプキの科学的本質主義

まずは、クリプキの科学的本質主義について見てみよう。クリプキによれば、科学的言明はどのような可能世界でも妥当する必然的真理である。ここで「可能世界」とは、現実世界とは異なる宇宙に——たとえば、平行世界のような仕方で——存在していて、いつか発見されるようなものではなく、私たちが反事実的状況について語る際に約定されるものである。簡単に言えば、可能世界は私たちがそれを語ることで生成する、と言えるだろう。

たとえば、「二〇〇九年に民主党が政権を奪取しなければ、日本経済はさらに回復したにちがいない」という言明を考えてみよう。現実世界では、二〇〇九年の衆院選で民主党が自民党を破り、鳩山内閣が発足しているので、「民主党が政権を奪取しなければ」という反事実的な想定は、可能世界の一つを指示することになる。その可能世界は自民党が政権を継続させた世界である。民主党が政権を奪取せず、自民党政権が継続していたら、もっと早い段階でアベノミクスが進められ、日本経済は今よりさらに回復していたかもしれない。だが、そのような世界で第二次安倍内閣は誕生しただろうか、小沢一郎は民主党にとどまっていただろうか……とさまざまな想定を重ねることができる。

こうして、可能世界を記述することが、そのまま可能世界を条件づけることが分かる。もちろん、私たちは異なる想定をすることもできる。「二〇〇九年に民主党が政権を奪取しなければ、非正規雇用者はさらに増えていたにちがいない」というように。そうすると、新しく条件づけられたもう一つの可能世界が生成するだろう。可能世界は、私たちがその世界を想定し、記述することで成立するのである。したがって、想定と記述の数だけ可能世界は存在しうる。

クリプキは、あらゆる可能世界で同じ対象を指示する言葉を「固定指示子」と呼んだ。ここで注意すべきは、「固定指示子」はあらゆる可能世界で対象が実際に存在することを意味しない、ということだ。すなわち、安倍晋三が存在しない世界を想定することが可能だとしても、（私たちが使用する）言葉（「安倍晋三」）がつねに同じ対象を指示する場合、それは固定指示子になる。ある可能世界では、安倍晋三は総理大臣ではなく俳優かもしれない。しかし、それでも「安倍晋三」という固有名は特定の生物学的起源から生まれたその人を直接指示するだろう。したがって、「安倍晋三」はどの可能世界でも同じ対象を指示する固定指示子なのである。

クリプキの言い分はこうである。ある言明が必然的真理であるためには、現実世界でそれが真であるだけでなく、想定されうるすべての可能世界でも、その言明は真でなければならない。すでに論じたように、クリプキは「固有名」を固定指示子と考えるが、本書にとって肝要なのは、科学の発見も固定指示子だとみなされることである。すなわち、科学的規定性はすべての可能世界で妥当する必然的真理である、とクリプキは言うのだ。

> この素材〔金〕が何であるかに関する科学的発見を表わす言明は偶然的真理ではなく、可能な限り厳密な意味で必然的真理である〔…〕。〔…〕むろんわれわれは、それが成立しない世界を想像することができる。とはいえ、これらの性質がその物質が何であるかの基盤をなすものである限

り、これらの性質をもたない物質が想像される世界はどれも、金でない物質が想像される世界なのである。とすれば、とりわけ現在の科学理論では、原子番号七九の元素であることは、われわれが理解する限りで金の本性の一部なのである。それゆえ金が原子番号七九の元素であることは、必然的であって偶然的ではないということになろう。（クリプキ 一九八五、一四七―一四八頁）

ある素材が何であるかを規定する科学的言明、たとえば「金の原子番号は79である」といった言明は、どのような可能世界でも普遍的に成立する。もちろん、この世界とはまったく異なる科学法則が支配する世界を想像することはできる。だが、そこで原子番号が108である金のような物質を見つけても、私たちはそれを金とは呼ばない。なぜなら、原子番号が79という物質的構造が金であることの根本条件だからである。科学は対象の基本的な構造的特質を確定することで、対象の必然的な本質を見出す。つまり、自然科学は対象の本質を規定する、とまとめることができる（＝科学的本質主義）。

常識的に言って、これはそれほど突拍子もない主張ではないだろう。自然科学は客観的であり、そこで発見される法則は宇宙を貫いて妥当する――これの何が問題なのだろうか。実際、自然科学の客観性そのものには何の問題もない。

ところが、先に述べたように、独断的な科学主義はさまざまな問題を引き起こす。一つは、科学的世界像はしばしば文化に固有の認識と対立する、という事実である。あるいはまた、生物学的な起源がその人の本質を規定する、という主張はジェンダーの多様性とぶつかる側面を持つ。

要するに、問題の本質はこうなる。自然科学であれ人文科学であれ、人々の生きかたの多様性を抑圧してはならない。ここで科学的本質主義に対抗するには、科学は世界の存在を記述するための特権的な言語ではなく、数多い記述の一つにすぎないことを示せばよい。このような考え方の一つに「構築主義」がある。

ローティのデフレ的実在論

構築主義によれば、およそ認識というものはすべて、必ずある仕方で構築されていて、条件づけられている。したがって、真理とは世界の実在に対応するものではなく、人間によって作られたものにすぎない。あえてニーチェの表現を使えば、真理とは捏造されたものなのである。

重要なのは、構築主義はカルチュラルスタディーズやジェンダー論と連動するという事実だ。構築主義的多元主義は、社会的‐文化的多様性と相性がよく、しばしばその理論構築基盤として援用されてきた。構築主義の論理は、社会が押しつけてくる普遍妥当性は絶対的真理ではなく、あくまでも特定の観点によって――多くの場合、マジョリティの暴力的観点で――記述されたものである、という主張を可能にするからである。社会でマジョリティの認識とマイノリティの認識が対立する場合、普遍性の名の下にマジョリティの認識が優遇されてきた（だから、普遍性を求めた近代哲学は暴力の哲学だということになる）。しかし、構築主義的観点から見れば、どちらの認識も権利上は対等な構築物である。そうして、マジョリティの認識を相対化することができる。つまり、構築主義は暴力に結びついた言説を相対化するための主要な武器になるのだ。

ただし、構築主義の基礎理論はいくつもあって、たとえばウィトゲンシュタインの「言語ゲーム」

を援用すれば、どのような認識も特定のローカルな言語ゲームにおいて生成するものだ、という言い方ができるし、ネルソン・グッドマンの「ヴァージョン」を使えば、世界を記述する仕方には、さまざまな目的に応じて制作された多くのヴァージョンがあるだけだ、と言うことができる。ウィトゲンシュタインやグッドマン自身は単なる構築主義者ではないが、彼らの哲学は構築主義の理論基盤として利用される。さらには、シュッツ、ルックマン、バーガーなどの現象学的社会学の系譜もある。しかし、いずれにせよ、構築主義は唯一の真理や絶対的な普遍性に対して極めて懐疑的である（たとえば、ガーゲン 二〇〇四を参照）。

プラグマティズムの伝統のなかにいるローティを構築主義者に仕立て上げる意図はないが、その哲学は多くの点で構築主義と触れあう（ローティ自身も構築主義を支持している）。とりわけ、実在に対応する真理という観念を拒否し、世界を記述する仕方は複数あって、それらは有用な道具として、そのつどの環境に対処していく過程で徐々に淘汰されていく、というローティの考えは、構築主義的な発想を含んでいる。ローティの立場は「デフレ主義」（存在論は世界の構造ではなく使用される言語実践に結びついており、また存在を記述するための基礎的かつ特権的な言語は存在しない、と考える立場）と関連づけられて、「デフレ的実在論」と呼ばれる。ローティの考えを概観してみよう。

ローティによれば、プラグマティズムは「実在」－「現象」という区分を、「有用なもの」－「有用ではないもの」という区分に置き換える。現象を突破して実在そのものを認識することを目的とするのではなく、環境に対処するための有用な道具立てを構築するのが哲学の仕事である、とプラグマティストは主張する。プラグマティズムにおいて、「言葉」は環境に対処するための「道具」とみなされるのだ。

注意すべきは、ローティは「実在」を否定しているわけではないということである。むしろ、ローティが要求するのは、人間は実在を認識することができるのか、という問題圏そのものから立ち去ることであり、テイラーとドレイファスの言葉を借りれば、「〈心〉と〈世界〉との関係の問題を、わたしたちは一切合切とにかく忘れてしまうのがいちばんよい」（ドレイファス＋テイラー 二〇一六、六五頁）と言うだけなのだ。たとえば、次の一節にはプラグマティストとしてのローティの思想がよく表われている。

道具によって実在との接触が断ち切られるということはありえない。道具使用というのは、ハンマーであれ、銃であれ、何らかの信念や言明であれ、有機体と環境との相互作用の一部である。言葉の利用を、環境の内在的本性を表象しようとする営みではなく、環境に対処するための道具使用とみなすということは、人間の心が実在に触れているかどうかという問題――認識論的懐疑主義者によって問われる問題――と縁を切るということである。（ローティ 二〇〇二、二三頁）

思考が実在に届いているかという問いを俎上に載せても、正解に辿り着く見込みはほとんどない。現象－実在という認識論的問題は重要ではなく、哲学は環境によりよく対処するための道具なのである。だからといって、実在は存在しないということではない。環境に働きかけるなかで道具は実在に接触するし、人間も動物も実在に触れている。だが、動物に比べて、人間がより実在に接触しているわけではないし、自然科学も同様の理由で特権的ではない。ある観点から構築された言語‐認知体系において、「実在」という概念が有用に機能するなら、それで十分なのである。ひとことで言えば、プラグマティズムの目的は、真理と合致することではなく、人々の生活に役立つことなのだ。

こうして「実在」は「現象」を可能にする自体存在ではなく、有用性という価値を反映した道具として再構成される。思考が実在に一致することは証明できないとしても――その試みにはそもそも見込みがない――「実在」という概念はプラグマティズムのプログラムによって十分に保障されている、とローティは言う。

ローティの主張には一定の説得力がある。哲学は哲学内部で生じたパズルを解くのをやめて、現実的で実践的な問題に取り組むべきだ。認識問題を原理的に解明するために論文を量産するのではなく、人間の苦しみを減らすことに哲学の労力は割かれるべきである。「プラグマティズムによってはじめて、実践が理論の劣化とみなされるのではなく、理論が実践のための手助けとして取り扱われることになる」（同書、八八頁）のだ。これがローティの持つ説得力の核心である。

さて、別の観点から見ると、ローティは反本質主義の立場だと言える。対象が何であるかを規定する本質は存在せず、そのつどの言語実践において対象は構築されると考えるからだ。そこで用いられる論理は実在‐現象の枠組みを批判する場合と同じだが、本書にとっては重要な箇所なので、もう少し見てみよう。

プラグマティストにとっては、他との関係抜きのXの相貌は存在しないし、Xの内在的本性、つまりXの本質のようなものも存在しない。それゆえ、人間の必要性や意識や言語との関連を離れてXが本当にあるあり方に合致する記述のようなものもありえない。（同書、一二〇頁）

対象を規定する本質は、人間の必要性、意識、言語との関数である。人間が関与しない、それ自体で絶対的に自立する本質というものは原理的にありえず、認識は対象の内在的本性に的中できるのかという問い、またそれに類する他の一切の認識論的な問いはナンセンスだと言わざるをえない。対象Xは必ず他の対象との関係において現われてくるのであり、多くの場合、そこには特定の価値が反映されているからである。

反本質主義における「客観性」は、「対象の内在的相貌との関係によってではなく、むしろ研究者間での合意達成の相対的容易さを目安」に定義される（同書、一二〇頁以下）。すなわち、何が主観的で何が客観的かを問うのではなく、どの事象に対してより広い合意を取り出せるのか、と考えるのだ。すると、従来まで「客観」という概念で呼ばれていたものは、研究者のあいだでの合意達成の程度問題に置き換えられる。その合意が明示的なものであれ暗黙のものであれ、自然科学が準備する一定の手続きにしたがって再現可能かつ合意可能なものを、私たちは「客観的」と呼んでいるだけなのだ。

このような考え方に対する一般的な反応は、それはあまりにも人間中心主義的であるというものだろう（思弁的実在論の相関主義批判を思い出してほしい）。物の実在が人間の必要性によって規定されているというのは、何よりもまず私たちの常識的感覚に反するし、人間の側に寄りすぎた一方的な解釈ではないか、と。

プラグマティズムの応答はラディカルだ――「常識」とは一定の記述の枠組みを使用するという「習慣」以外の何ものでもない。つまり、私たちが慣れ親しんでいる一群の記述の体系が「常識」と呼ばれているにすぎない。したがって、常識も特定の観点から構築されたものであることは疑いえない。さらには、プラグマティストから見れば、現象‐実在の区分を破棄してもなお、世界の実在――ここで言われる「実在」は言語実践のなかでその意味を獲得する――に接することは可能であり、世界をよりよく理解することには何の支障もきたさない。

先ほどの論点を繰り返せば、プラグマティストは物の実在を疑っていない。現象と実在の区分をやめたところで、世界が失われるわけではない。世界を記述するにあたって、その区分は単に不要なだけなのだ。

> 樹木や星についての言明が存在する以前に樹木や星が存在していたことを、反本質主義者は何ら疑っていない。しかし、先立つ存在をもちだしても、「樹木や星は、他の事物との関係から離れるなら、つまり、それらについてのわれわれの言明から離れるなら、何であるのか」という問いに意味を与えることに、何ら役立たない。(同書、一三二頁)

実体、実在、本質といった概念を使用するか否かを決定するのは、それが役に立つかどうかであって、役に立たない概念は使用しないほうがよい。それどころか、有害な場合すらある。真なる実在についての哲学パズルが無数に現われて、不毛な議論が終わることなく積み重ねられるだけだからだ。賛否は分かれるだろうが、プラグマティズムの主張は首尾一貫している。とりわけ看護学、教育学、心理学など、実践的事象を扱う領域では、一定以上の説得力を有するかもしれない。率直に言って、『純粋理性批判』や『イデーン』は難しすぎるし、役に立つのかどうかもふつうは判断がつかない。実践で使える理論が必要である、というローティの宣言は、理論と実践の乖離に悩む者にとって、ある種の福音として聞こえるだろう。

ここでテイラーとドレイファスが問題にするのは、自然科学の客観性は言語実践に還元されうるのか、ということである。プラグマティズムの論理では、いかなる客観性も合意達成の程度問題になる。だが、自然科学で扱われる実在は〈どこでもないところからの眺め〉に対応する自体存在ではないのか。テイラーとドレイファスは、この見解を支持する。

ネオプラグマティズムの代表的論客であるクワインは、分析的真理と綜合的真理の区別を批判し、物理学と神話のあいだには程度の差があるだけだ、と論じる。

> 認識論的身分の点では、物理的対象と神々のあいだには程度の差があるだけであって、両者は種類を異にするのではない。どちらのたぐいの存在者も、文化的措定物としてのみ、われわれの考え方のなかに登場するのである。物理的対象の神話が多くの他の神話よりも認識論的に優れているのは、経験の流れのなかに扱いやすい構造を見いだす手だてとして、それが他の神話よりも効率がよいことがわかっているためである。（クワイン　一九九二、六六頁）

プラグマティズムの論理を追いつめると、物理学と神話のあいだにすら決定的な認識論的差異はないことになる。ローティにしろクワインにしろ、一切の認識は同一平面上の程度問題に還元される。「神が世界を創造した」という言明と「ビッグバンが宇宙の起源である」という言明は、いずれも言語実践の内側で現われる、人間の世界認識と自己認識にとって有用なものにすぎないのだ（もちろん、神話より物理学の方が、経験の構造を扱いやすいものにしているという点で優れている）。いかなる認識も構築されたものである――テイラーとドレイファスは、これをどう乗り越えるのだろうか。

多元的実在論――相対主義と独断主義を越えて

問題の所在をはっきりさせておこう。自然科学と人文科学は、それぞれ扱う対象は明らかに異なっており、したがって当然、客観性もしくは普遍性を創出するための条件と構造も異なっている。ところが、科学主義は「科学的であるとは実証的であるということである」を至上命題にして、意味と価値の哲学的探求は非科学的だと断罪する。あるいは、意味と価値を事実レベル（たとえば、脳）に還元する。それに対して、人文科学は意味と価値の普遍性を担保したいがために本質を実体化するが、論理的にはそれ自身が「悪しき本質主義」に転化する可能性を否定できない。

では、構築主義やプラグマティズムのように、自然科学と人文科学を連続性のなかで捉え、一切の認識と存在を社会的-文化的に構築されたものとして処理すればよいのか。しかし、そうすると、どうしても最後は相対主義に陥ってしまう。「すべては社会的-文化的に構築されたものである」というテーゼからは、多様な社会と文化を越境して妥当する客観性や普遍性を擁護するという発想は生まれないからである。もとより近代哲学批判として始まった構築主義は、「普遍性」や「本質」といった概念を嫌忌する傾向にあるのだ。

つまり、こうだ。自然科学であれ人文科学であれ、特定の認識を絶対化してしまうと、そこに排他的な力学が働いて、その絶対性や全体性から外れてしまった人々の考えや思いを踏みにじってしまう。ところが反対に、あらゆる認識は構築されたものにすぎない、と考えてしまうと今度は相対主義に陥り、人々を虐《しいた》げる暴力に対抗するための根拠まで相対化されてしまう。さらには、自然科学の客観性をどう説明するのか、という課題も残される。

ひょっとすると、本質主義の陣営も構築主義の陣営も、そんなことはよく分かっているのかもしれない。だが、そこに選択肢は大きく二つしかない——絶対的なものがただ一つ存在するのか、文化的多様性が存在するだけなのか。たいていの場合、どちらの立場に与《くみ》するのかは、それぞれの人間の初期条件に応じて緩やかに決まってしまう。おのれが背負ってしまった条件を正当化できる陣営に加担して終わってしまうのである。しかし、それでは哲学することにはならない。自分が背負ってしまったもののリアリティにどう対抗できるのか——哲学がほんとうの意味で試されるのは、まさしくその場面なのである。それができなければ、思想は現実に追従するしかないだろう。

テイラーとドレイファスが提起するのは第三の選択肢である。それは「多元的で頑強な実在論」と呼ばれ、三つの特徴がある（ドレイファス＋テイラー 二〇一六、二五二頁）。

(1)実在を取り調べる方法は複数存在しうる（これが「多元論的」な部分になる）。
(2)それらの方法は、わたしたちから独立した真理、つまり、それらを把握するわたしたちの思考のほうを改訂し調整することを要求するような真理を露呈させる（この部分は頑強な実在論だ）。
(3)実在を取り調べるためのさまざまな方法をひとつの様式における問いにまとめ上げ、統一的な描像や理論を生み出す試みはすべて失敗に終わる（よって、それらの方法は多元論にとどまる）。

自然科学の成果を適切に評価するには、自然科学が〈どこでもないところからの眺め〉を獲得していることを、まず認めなければならない。クリプキの科学的本質主義によれば、金の原子番号79はいかなる可能世界でも妥当する金の本質である。ならば、このような金の科学的規定だけが真理で、たとえば古代エジプト人が金を聖なる対象とみなしていたのは間違いだったのか。科学的本質主義者にとって、そのような見方は単に誤りである。だが、そう考えてしまえば、自然科学は文化的多様性を抑圧しかねない。古代エジプト人はたしかに金を聖なる実在とみなし、そう分節された現実世界を生きていたはずなのだ。では、どう考えればいいのか。

結論から述べると、実在にアクセスする方法を複数認めるのである。近代ヨーロッパは閉じられた共同体の限界を越えて妥当する普遍的真理の記述を目指す独自のプロジェクトを推進した。このプロジェクトの第一嫡子である自然科学の客観性は動かしがたい。ひとことで言えば、自然科学は〈どこでもないところからの眺め〉を可能にするのだ。それを相対的構築物とみなし、神話と物理学のあいだには程度の差しかない、と考えるのは、自然科学の身分として適切ではない。

だが同時に――ここが最も重要なのだが――それだけが実在を記述するための唯一の方法であるとみなす必要はない。さまざまな文化的実践に応じて実在が現われるとすれば、自然科学の理論は、文化的相対性を越えた普遍的真理の獲得を目指す特殊な一形式だと考えることができる。すなわち、「それ自体であるがままの事物についての〈どこでもないところからの眺め〉でさえも、事物を開示する限定されたやり方のひとつでしかない」のだ（同書、二四九頁）。

私たちは「媒介説」という描像にとらわれることで、観念論と実在論のどちらが正しいのかについて論争を繰り返してきた。媒介説こそが、この論争に心の内側と外側という議論の枠組みを与えてきたのである。すでに見たように、「接触説」はこの二元論そのものを乗り越え、私たちは実在に直接関与しているという見方を可能にする。

「観念論」と「多元主義」が一緒になったものが「構築主義」だとすれば、「多元的実在論」は「実在論」と「多元主義」が一緒になったものである。自然科学が到達した〈どこでもないところからの眺め〉を肯定しつつ、文化的な多様性も尊重すること。それらを両立させるのが「多元的で頑強な実在論」なのだ。テイラーとドレイファスはこう書いている。

> わたしたちは、宇宙が機能する単独の様式は存在しないという可能性を開かれたままにしなければならない。実在性の試金石としての統一性という考えにコミットしないかぎり、そのような分離された複数の実在が意味するのは、実在に対応する記述は何もないということである必要はなく、そうした記述がいくつもあるということなのである。（同書、二六〇頁）

宇宙は複数の視点から記述されうるのであり、それらすべてを統一する単独の様式は存在しない。「統一性」という概念に依拠せずとも、「実在」を擁護することは可能である。観点の複数性は相対主義を帰結しないからだ。それぞれが実在に触れており、実在に対する複数の記述が存在する。すなわち、観念論ではなく実在論と多元主義が結びつくとき、そこに新たな哲学の可能性が創出されるのである。

だが、最後に、最も肝心な問題が残っている。それは文化的多様性ではなく、間文化的普遍性である。多元的実在論が文化的多様性をよく理解させることはイメージしやすい。複数の文化的パースペクティヴ（そのなかには自然科学という特殊な一形態もある）が実在を眺めており、それぞれに見えていることを記述する。多様な文化が共存する状態である。ところが、それぞれの文化に固有のパースペクティヴがあるだけでは、善悪の根拠の基礎にはならない。たとえば女性蔑視を許容する文化を単に認めればいいのか、ということになるからだ。

文化的多様性を越境して妥当する普遍性は存在するのだろうか（もちろん、文化のあらゆる側面が同一性に回収されるべきだと主張したいわけではない。ここでの問題は、普遍性を必要とする領域があるということだ）。強制することなくさまざまなパースペクティヴが自発的かつ漸次的にある点に収束していく、ということは可能なのだろうか。

わたしたちの時代の世界は、非常に多様な文化が密接に関係づけられることで、混ざり合うことを強いられる世界である。そうした世界がわたしたちを連れて行く先としてありうるのは、違いを理解することであって、わたしたちの先祖なら他者の「風変わりな」習慣と見なしたであろう事柄を馬鹿にすることではない。

それでもなお、何が善いのかについて、あらゆる文化の分別が等しく受容可能なようには思われない。〔…〕人間にとって何が本質的なのかに関するさまざまな文化的理解に順位をつけ、わたしたちの個別的な文化的パースペクティヴから離れて批判することができるような道は果たしてあるのだろうか。〔…〕あるいは少なくとも、たとえば、いくつかの候補を消去するとか、いくつかの要素は人間の本質のどんな定義にとっても本質的だという一般的な合意に至るとかすることによって、ささやかな収束を達成する希望はあるのだろうか。（同書、二六六―二六七頁）

科学的本質主義とデフレ的実在論の対立を止揚した先に、人文科学の普遍性をいかに創出しうるのか、という現代哲学の喫緊の課題が存在する。その普遍性を独断的に――たとえば、本質を実体化して――措定することは禁止されている以上、普遍性創出の条件は根本から問い直される必要がある。ここで第一に考慮すべきは、どの領域で普遍性が必要であり、いかなる要素であれば普遍的な合意に達する見込みがあるのかについての合意を作り出すことだろう。価値観と感受性、文化的習慣と宗教、出自と民族……生きかたの内実は異なるとしても、人間性の本質については合意すること――。

決して楽観することはできないが、その可能性に見通しを与える兆候はすでに見て取られる。たとえば、生存権を正当化する根拠を考えてみよう。神の似姿として作られた人間、不殺生という仏教の原理、人間の尊厳というカントの原理、苦痛を避ける功利的原理……生存権を肯定するための理路はいくつも準備されている。それらはまったく異なる理屈で生存権を正当化する。どの主張が最も正しいのか、と問うなら、文化は相互に反発しあい、抗争は終わりを見ないだろう。だから、私たちは絶対的な正しさを問うことをまずやめなければならない。多様性を維持したままで普遍的な合意に到達する可能性を模索するのである。人権、男女の平等、子どもの権利、大量虐殺への非難……いまだなお完全ではないとしても、どのような文化にも当てはまる人間性の徴候はいたるところに見られる。テイラーとドレイファスは人文科学の普遍性の可能性の条件を刷新しようとしているのだ。

統合の可能性を開いたままにしておくこと——文化的多様性を一つの枠組みに押し込めるのではなく、文化的多様性を尊重しながら間文化的普遍性への希望を手放さないこと。これが多元的実在論が準備する新しい「広さ」の哲学である。

いま、「広さ」を哲学することの意味

私たちは混淆する社会に生きている。だからこそ、そこには多様な人々を共存させるためのルールが必要になる。原理的に選択肢は二つしかない——ルールで決定するのか、力で決定するのか。動物の社会は基本的に「力」ですべてが決着するが、人間の社会では言葉の「ルール」で共存している。「人間性」とは「暴力のゲーム」に対抗して「関係のゲーム」を作り出す能力である。力ですべてが決まるのであれば、哲学は不要だ。いや、力ですべてを決めることを私たちが選ぶのなら、そのとき哲学は無力なのだ。だが、もし私たちが「共に生きる」ためのルールを求めるのなら、そのための哲

学原理が必要になるだろう。

哲学的に処理すべき問題の本質は、そんなに複雑ではない——相対主義と独断主義という二つの主張をどう調停するのか、これである。多様な感受性や価値観を認めようとすると、どうしても相対主義の側に立ちたくなる。というのも、現実の社会における「多様性」はフェアでないのが実情だからだ。たいていの場合、そこにはヒエラルキーが存在し、声なき声は黙殺されてしまう。だからこそ、物の見方は相対的であってよいはずだ、と主張して、マジョリティの権力を相対化しようとする。これが構築主義の中心的な動機である。

ところが、一切を論理的に相対化しようとする試みは、善悪の根拠まで台無しにしてしまう。暴力に対抗するために採用された相対主義が、暴力に対抗できなくなる。それは、いかなる暴力も特定の物の見方に支えられているからである。相対主義は暴力の存在理由を否定できない。暴力を支持することも社会的‐文化的に構築されているのなら、暴力を牽制するためには、少なくとも「暴力をやめて、ルールで決定する仕組みを作る」という最初の普遍的合意は必要だろう。その合意ができなければ、自由も平等も人権も市民性も存在しない。いつも強者が勝つ。それだけだ。

相対主義に対抗する従来の哲学の戦略は、本質（意味と価値）を実体化または客観化することだった。いくつかのヴァリエーションはあるものの、あらかじめ本質を客観的なものと措定しておいて、それをいかに認識するのかだけを問えば、相対主義を回避する可能性は生まれるだろう。だが、この戦略には——その根本動機は「よい」としても——悪しき本質主義に転化する懸念が残り続ける。さらには、結局のところ、いかなる本質が客体化されるべきなのか、という点について複数の理説が存立することになり、独断主義もまた実質的には相対主義と変わらないことになってしまう。

最も重要なのは、普遍性はどこで必要とされるのかを吟味することである。あらゆる領域で普遍性が必要なわけではない。たとえば、味の好みや好きな色は相対的であっていいし、ステーキが好きな人と焼き肉が好きな人で戦争をする必要はないだろう。むしろ、相対的であることが、それらの領域の本質である。それだけではない。ジェンダー、民族、宗教、言語、人種……これらの領域では差異が強調されて然るべきである。女性らしさの本質を絶対的に確定することなどできない。そんなことをしようとするから、悪しき本質主義が生まれるのである。

しかし、それらの差異を共存させるための原理は普遍的である必要がある。すなわち、ジェンダー、民族、宗教、言語、人種などの帰属意識によって差別されない仕組みは普遍的である必要がある。自由、平等、人権、市民性、公共性といった概念は、すべて差異が共存するための普遍的原理を言い当てようとしているのだ。

テイラーとドレイファスが提起する多元的実在論は、まさにこの課題に答えようとするものである。私なりにひとことで言えば、多元的実在論は「本質」と「差異」という二つのベクトルに配慮しながら、相対主義に対抗するための「実在論」を打ち出す試みだ。実在を記述する方法は複数あってよいが、その複数性は相対性に帰結しない。それらの方法は、私たちの思考から独立した真理を明らかにするからである。

多元的実在論のハイライトは、普遍性が開かれたままになっている、という点にある。閉じられた普遍性は、その外部を作り出す。外部に追いやられた声は普遍性に届かない。だから、普遍性は開かれたままにしておく必要がある。間主観的な、そして間文化的な検証につねに開かれている普遍性——これが「広さ」の新しい形であり、それはどこまでも多元的である。

いま、「広さ」を哲学する場合、(1)何のために広さが必要なのか、(2)広さの弊害は何なのか、という二点についての合意をまず取り出す必要がある。本書の文脈における私の提案は、(1)差異を共存させるために普遍性は必要である、(2)本質と普遍性が閉じられた場合、本質主義は悪しき本質主義に転化する、というものだ。もちろん、各領域で必要な考え方は変わってくるだろう。しかし、同時に私が強調しておきたいのは、広さを諦めてそれを投げてしまったら、暴力だけがすべてを決定する社会——もうそれは「社会」ともいえないような何らかの「状態」だが——に差し戻されるということだ。言葉のルールで決めるのか、暴力で決めるのか。哲学で二者択一は警戒すべき問いの形式だが、これだけは二者択一以外ではありえない。

暴力に対抗するために広さはある。それが暴力に結びつかないための、すなわち全体主義にならないための原理もある。新しい「広さ」の原理とは、絶えず未来の他者の検証に開かれた間主観的‐文化的普遍性なのである。

第Ⅳ章

新しい実在論＝現実主義

マルクス・ガブリエル

メランコリストはどう生きるのか。これまでのような「高さ」と「広さ」がなくても生きていくために、哲学は何ができるのか。その可能性の一つが、ガブリエルの「新しい実在論＝現実主義」だ。

新しい実在論は、ポストモダン思想を批判する。ポストモダン思想が主張したのは、現実はある仕方で構築されたものにすぎない、ということだった。現実のすべては幻想かもしれず、私たちは壮大な夢を見せられている――ポストモダン思想はこのような観念を人々に植えつけた。

しかし、ポストモダン思想も壮大な夢の一部であり、論理的にはそれ自体も構築されたものであるため、哲学は相対主義の袋小路に入って停滞した。それどころか、現実社会では情報とイメージを操作するポピュリズムが生まれ、人気と力さえあれば現実は操作‐構築可能であるという確信がますます時代を支配するようになった。その漠然とした時代の雰囲気は経済的にも政治的にも利用されている。

また、実存感覚では、ニヒリスティックな虚無感ではなく、メランコリックな倦怠感に悩まされ、何をするにしても情熱的に打ちこめず、かといって何もしなくていいとは思っていない、という奇妙な欲望の状況が現われている。とにかく落ちるところまで落ちてやろうという堕落への「逆ロマン」も持たず、実存から光を奪った他者を糾弾して世界を「逆恨み」することもない。とにかく欲望が動かないのだ。そこでは「期待」と「不安」が同時に消失している。

いまや私たちは「意味」の意味を根底から考えなければならない。何かに意味を見出せない、世界に意味は存在しない、と言う場合、そもそもそこで言われる「意味」とは何を表わしているのだろうか。「意味」の意味を探求することは、「現実」の意味を取り戻す作業でもある。新しい実在論は「意味」と「現実」の哲学を刷新することで、「メランコリーの時代」に展望を与える。

1　世界は存在しない

新しい実在論のマニフェスト

本章で扱うのは、マルクス・ガブリエル（一九八〇年生）によって提唱された「新しい実在論（New Realism）」である。はじめに言っておくべきなのは、「新しい実在論」は「新しい現実主義」でもあり、それは観念論 - 実在論論争での立場の違いを越えて、現実世界に向き合うための新しい実存の範型を提示するものである、ということだ。その際、ガブリエルは、哲学の伝統において自明視されてきた高さと広さの根拠をもう一度ゼロから考えなおす。あるいは、そもそもどの程度の高さと広さが可能なのか、これを考えるのである。

もちろん、ガブリエルはそれらを無意味なものと考えるアナーキストではない。そうではなく、哲学的にこだわるべき問題と、もはやその必要はない問題の区別をきっぱりとつけていく。不要なものは不要だが、必要なものは必要。必要なものでも、手にできないものもあるし、手に入るものもある。後に見る「世界は存在しない」というガブリエルの主張は、一見すると極端なテーゼに思えるかもしれないが、ガブリエルが世界の非存在を言うのにはそれなりの現実的な理由があるのだ。

とはいえ、ガブリエルは概念の有用性を重視するプラグマティストでもない。彼は「意味の場の存在論」と呼ばれる新しい哲学のモデルを提示する実在論者である。私たちは物および事実それ自体を認識できる——ガブリエルはあくまでも「実在」を擁護し、人間の認識が「事実それ自体」に届いているると主張する。

狭義の意味における「新しい実在論」はガブリエルの哲学を指すが、ガブリエルが編集した『新しい実在論（*Der Neue Realismus*）』という論文集には、ウンベルト・エーコ、ポール・ボゴシアン、ジョン・サール、ヒラリー・パトナムなど多彩な顔ぶれが揃っている。「新しい実在論」という名称は、イタリアのミラノでガブリエルとマウリツィオ・フェラーリスが昼食をともにしているとき、現代哲学の根本的な性格をめぐる国際会議の名称として、フェラーリスがガブリエルに発案したものだとされる。そして、それはポストモダン以後の時代を表わす名称として流布していくことになる。

ポストモダン思想批判としての新しい実在論の性格について、フェラーリスはこう述べている。ポストモダン思想は「一切の現実は社会的に構築されていて無限に操作可能であり、連帯は客観性より重要なのだから、真理というのは無益な考えである」（Ferraris 2014, p. xv）と主張したが、ポストモダン思想が信じた現実の強制力からの完全な自由などありえず、それは結局のところ、力さえあれば何でも人々に信じ込ませることができるという状況、すなわち、規範なきポピュリズムの台頭をもたらした。フェラーリスは言う——「再構築なしの脱構築は、いかなるものであれ無責任である」（ibid., p. xiv）。

これまで私たちはメイヤスーの「思弁的唯物論」、ハーマンの「オブジェクト指向存在論」、テイラーとドレイファスの「多元的実在論」が相関主義や構築主義に向けた批判について見てきたが、現代実在論のなかでも「新しい実在論」は構築主義＝ポストモダン思想批判を前面に押し出しており、ポストモダン思想の終焉と現代哲学の「実在論的転回」を強く印象づける。その批判の最初の足がかりになるのが「実在」というキーワードなのである。ガブリエルの論に入る前に、もう少しだけフェラーリスの主張を見てみよう。

フェラーリスはポストモダン思想を構築主義と規定して、こう書いている。

> 実在論者は現実が存在することを単に言っているのではない。実在論者は構築主義者が否定するテーゼを支持する。すなわち、存在することと認識することは同じであるなどというのは真ではなく、実際には、存在論と認識論のあいだには、いくつかの本質的な差異が存在するが、構築主義者はそれらの差異に注意を向けていないのである。(ibid., p. 32)

実在論者は現実が存在することを主張するだけでなく、存在論と認識論の差異に注意を向ける。構築主義者にとって、存在は社会的制度や言語的実践によって構築されたものであり、存在が認識から切り離されることはない。メイヤスーの表現で言えば、構築主義は相関主義なのである。しかし、「存在すること」と「認識すること」にはいくつかの点で本質的な違いがある。

最も重要な違いは、認識論が修正可能なのに対して存在論は修正不可能であることだ。たしかに、ある存在を認識する場合、私たちはそれを概念の枠組みによって認識する。そして、その枠組みはたいていの場合、前もって社会の側から与えられたものである。

たとえば、犬と猫を区別して認識するためには、犬と猫がどういうものなのかについてあらかじめ知っている必要がある。そして、その区分は親（社会）とのあいだで行なわれる言語ゲームによって分節される。「こっちはワンワンだけど、あっちはニャンニャンだよ」と親に教えられて、子供は少しずつ言葉の分節を複雑化していく。

しかし、ある猫が現実の世界に存在するという事実と、その猫を認識することは同一視されうるだろうか。ワンワンを知ったばかりの子供が、猫を見て「ワンワンがいる」と母親に言うとしよう。母親は、「あれはワンワンじゃなくてニャンニャンだよ」と子供に教えるだろう。そうすると、子供は「あれはワンワンではなくてニャンニャンだ」ということを知り、その経験が積み重なるとワンワンとニャンニャンを区別できるようになる（オオカミはワンワンの仲間で、ライオンはニャンニャンの仲間、など）。

ここで重要なのは、ある猫に対する子供の認識が「ワンワン」から「ニャンニャン」に修正されるとき、それはあくまでも現実世界に存在する同一の猫についての修正であることだ。猫が存在することと、猫を認識することに違いがあるというのはそういうことである。だとすれば、存在論と認識論は同一視されてはならない、ということになるだろう。

新しい実在論は、構築主義＝ポストモダン思想を批判し、それを実在論という立場から乗り越えようとするが、この図式自体は、本書でこれまで見てきた実在論と似たものでしかなく、あくまで形式的なものにとどまる。

一つ、注意しよう。一般に観念論と構築主義は反実在論と関係づけられるが、正確にはそれらのすべてが完全に反実在論であるわけではない。観念論と呼ばれる哲学にも、実在論と矛盾しないものも存在する（たとえば、超越論的観念論は、ある意味で経験的実在論と矛盾しない。経験的な実在の意味を超越論的に解明したものが超越論的観念論だと言えるからである）。

では、実在論と反実在論をガブリエルはどう区分するのか。それは、以下のようになる。反実在論の本質的特徴は、「それが理解されるという理由で、あるいはそれが理解されることによって、ある対象領域に生じるすべてのものはただ存在するということが、少なくとも一つの対象領域に妥当する」（Gabriel (hrsg.) 2014, S. 172）という考えにある。すなわち、存在は理解（認識）によって可能になる、という見解を支持するのが反実在論である。新しい実在論は逆に、「何かが存在するということが意味するものを完全に理解するために、私たちは一般に、存在を理解することについて何ごとかを理解する必要はない」（Ebd., S. 174）と主張する。存在の理解を理解することなしに、存在の意味を理解すること。つまり、存在の認識についての解明を経由せずに、存在の意味を獲得すること。言い換えれば、存在論は認識論とは別に探求されなければならないということ――さしあたり、新しい実在論のマニフェストをこうまとめておくことができる。

形而上学・構築主義・新しい実在論

新しい実在論は構築主義だけでなく伝統的形而上学も批判の対象とする。構築主義は、一切の存在を社会的‐文化的に構築されたものとみなすことで、観察者に対する現われ以上のものを語る権利を私たちから剝奪する。反対に形而上学は、現われの背後に実在を措定することで、観察者に対する現われとは根本的に異なるものとして、世界の真の姿を思い描く。結論から述べると、形而上学は現象－実在の対立にとらわれた古い実在論なのだ。

形而上学の特徴は、もう一つある。形而上学は存在者の総体を包括する「世界」を発明し、世界全体の究極根拠に迫ろうとする、ということだ。世界全体の本性は何か――このことを思索するために、形而上学はつねに「全体性」または「総体性」の概念に結びつく。そして、存在者の総体である世界全体は、人間に対する現われとは別の本性を持つべきものだと形而上学者は結論づける。要するに、(1)現象と実在を区別すること、(2)「世界」の存在を前提すること、それが形而上学の重要な特徴だと言うことができる。

ガブリエルが構築主義も形而上学も役に立たないと考える理由は何なのか。彼はこう述べている。


新しい実在論が想定するのは、わたしたちの思考対象なるさまざまな事実が現実に存在しているのはもちろん、それと同じ権利で、それらの事実についてのわたしたちの思考も現実に存在している、ということなのです。

これにたいして形而上学と構築主義は、いずれもうまくいきません。形而上学は現実を観察者のいない世界として一面的に解し、また構築主義は現実を観察者にとってだけの世界として同じく一面的に解することで、いずれも十分な根拠なしに現実を単純化しているからです。（ガブリエル 二〇一八a、一五頁）

構築主義と形而上学は反目する二つの存在論的主張だが、実際にはどちらも現実を一面的にしか見ておらず、したがって、それらの理論では現実を記述するのには不十分である。現実の体験をよく反省してみよう。テーブルは観察者がいなくてもそこに存在している。だが、同時に、テーブルについての観察者の思考も現実に存在していることは疑いえないし、観察者がテーブルを直接見ている場合、それはテーブルそれ自体についての思考であるはずだ。観察者なしのテーブルと観察者にとってのテーブル、いずれもテーブルそれ自体のある側面を示している。そのことは厳密に証明されるべきことがらではない。いや、むしろ認識論的に証明することで、現実の世界は現象と実在とに引き裂かれてしまう。

認識論なしに存在を考えること。「この世界は、観察者のいない世界でしかありえないわけではないし、観察者にとってだけの世界でしかありえないわけでもない」（同書、一五—一六頁）——難しい論証を抜きにして、そのことは誰でも反省してみれば分かるはずだ、とガブリエルは言うのである。

ガブリエルは次のような想定をしている。私と（読者の）あなたは山梨県側から富士山を見ているとしよう。もう一人、私の友人は静岡県側から富士山を見ている。富士山は地理的には山梨県と静岡県にまたがって存在する活火山であり、日本で最も高い三七七六メートルの標高である。そうすると、四つの富士山が考えられる。

(1)私が山梨県から見る富士山
(2)あなたが山梨県から見る富士山

(3)私の友人が静岡県から見る富士山
(4)山梨県と静岡県にまたがる標高三七七六メートルの富士山

これらのうち、どれが実在する富士山だろうか。形而上学は、(1)〜(3)の富士山は仮象だと言い、(4)の富士山だけが存在すると考える(厳密には、(4)ではなく富士山それ自体と表現すべきかもしれない)。反対に構築主義は、(1)〜(3)の富士山だけが存在し、その背後に富士山それ自体は存在しないと考える。だが、いずれも富士山の一面しか捉えられていない。

富士山が山梨県と静岡県からは別の見え方をすること(両県で長年争われている、どちらが富士山の表側なのか、という点については判断を保留しよう)、そして富士山が特定の場所に位置している日本一高い山であるということは、どちらも明らかな事実である。(1)〜(4)のすべてが富士山それ自体についての事実であることは疑いえないのであり、疑おうとするのがおかしいのだ。むしろ必要なのは、(1)〜(4)の事実を包括的に説明する新しい存在論のモデルである。

このような見方に対する最も強力な反論は、現代版の構築主義、すなわち「神経構築主義」である。それは一切を脳に還元して、あらゆる認識は脳による構築物である、と主張する。およそ認識というものはすべて脳を媒介にして生じるのだから、私たちが見ていると思っているものは脳によって見せられたものなのだ、と。そうして、すべては脳のシミュレーションということになる。だが、この論理を徹底すると、脳それ自体も(脳が何であるかについてのわれわれの認識も)何らかの仕方で構築されている、と考えざるをえない。脳の実在性だけが特権的であることはありえず、構築主義は構築主義それ自体に跳ね返ってくるのだ。

ガブリエルの言わんとすることはシンプルだが、ここで二つのことに注意しなければならない。

(1)ガブリエルは、実在（物自体）と現象のどちらも実在として認めればよい、とは考えていない。形而上学は実在だけを、構築主義は現象だけを存在として認める。ならば、それらのどちらも実在として認めてしまえば論争は解決されるのだろうか。一見すると、新しい実在論はそう主張しているように思える。

だが、ガブリエルは現象 - 実在という枠組みそのものを批判しているのであって、これまで現象と呼ばれてきたものは実は実在のことだった、などとは主張していない。というのも、新しい実在論は観点から独立した実在という考えそれ自体を必要としていないからである。つまり、私たちは事実それ自体について直接知ることができる、ということだ。

(2)ガブリエルは相関主義を批判しているわけではない。メイヤスーやハーマンは相関主義＝人間中心主義を批判して、物自体を哲学のディスクールに取り戻そうとした。しかしガブリエルは、人間は事実それ自体について何らかのことを知ることができる、と主張するのであり、その意味で思弁的実在論の相関主義批判には賛同しない（Gabriel 2015, pp. 285ff.）。「私のモデルにおいて、われわれは物自体を認識せずともそれを知ることができるだけでなく、物自体が種 - 相関的な仕方でわれわれに現われるようにして、われわれは物自体を認識できる」（ibid., p. 82）のである。しかし、にもかかわらず、存在は必ずしも認識に依存するわけではなく、そこには人間が関与する事実と関与しない事実があるだけなのだ。

以上二つの論点は、後に「意味の場の存在論」を論じることでより明らかになるだろう。ガブリエルは構築主義＝ポストモダン思想と形而上学＝古い実在論を批判するが、現象と物自体をとにかく実在として認めてしまえばよいと考えているわけではなく、現象－実在という構図の代わりに、「意味の場」の複数性による新たな存在論のモデルを提起するのである。

「世界」は「宇宙」を含む

「世界」とはすべての存在者がそこに含まれる全体のことである。「宇宙」はどう定義できるだろうか。それは世界を含むのか、それとも世界に含まれるのか。ガブリエルの斬新な主張――「世界は存在しない」理由を考える前に、まずは世界と宇宙は異なっていることを示す必要がある。というのも、「世界」は存在しないことを論証できたとしても、世界をメタレベルで包括する「宇宙」が存在するのなら、ガブリエルのテーゼには意味がなくなるからである。

ガブリエルによれば、「宇宙」は物理学的に記述される物質的存在者の全体を意味する。宇宙は果てしなく広大でそこに世界は含まれていると考える人もいるかもしれないが、それは根本的な錯覚である。なぜだろうか。

ガブリエルの言い分はこうである。まず、どのような対象も必ずある「対象領域」に現われる。たとえば、火星は太陽系という対象領域に、上司は会社という対象領域に現われるし、自由はフランス革命という対象領域に、萌え要素はアニメという対象領域に現われるだろう。対象領域は特定の種類の諸対象を含み、それぞれの領域には一定の規則がある（後に対象領域は「意味の場」と言い換えられる）。

もちろん、対象領域は無数に存在しており、しかもある対象が必ず特定の対象領域に結びついているわけではない。たとえば、戦争という対象は、歴史学という対象領域で記述されることもあれば、近未来のSF小説という対象領域で語られることもある。それでもなお、それぞれの対象領域は一定の規則を持っており、ある任意の対象が任意の対象領域にまったく自由に現出できるわけではない。特定の対象領域にどのような対象が含まれているのかは、一定の仕方であらかじめ下図を描かれているのである。

そのうえ、対象領域それ自体が一つの対象になる。太陽系という対象領域は銀河系のなかの一つの対象になるし、アニメという対象領域は日本文化という対象領域で論じられる一つの対象になりうる。対象領域は無数に存在しており、それらの対象領域は重層的な仕方で互いに関連づけられ、入れ子構造になっている。対象領域（意味の場）の複数性から導出される「存在論的多元主義」と「存在論的実在論」については次節で詳しく見ることにして、ここでは「宇宙」という対象領域をさらに詳しく分析してみよう。

宇宙とは、何よりも、自然科学の方法にしたがって実験によって研究することのできるすべてのものが現われる場にほかなりません。〔…〕宇宙は、物理学の対象領域ないし研究領域にほかならない以上、けっしてすべてではない、と。ほかのあらゆる科学と同じく、物理学にも、自らの研究対象でないものはいっさい見えません。だから宇宙は、世界全体よりも小さい。宇宙は全体

の一部分にすぎないのであって、全体そのものではありません。(ガブリエル 二〇一八a、四二頁)

宇宙は物理学の対象領域であり、そこに含まれるすべての対象は自然科学の方法、つまり実験と観察によって研究できるのでなければならない。だとすれば、宇宙はすべての対象を包括することは決してできない。宇宙は物理学によって探求される限定された対象領域にすぎないからだ。

たとえば、物理学は織田信長の最期について語らないし、デフレスパイラルの原因も究明しない。そこに『新世紀エヴァンゲリオン』の綾波レイは登場しないし、物理学的に公教育の正当性が論じられることもない。織田信長、デフレスパイラル、綾波レイ、公教育の正当性は、それぞれ日本の歴史、経済学、アニメ、教育学という対象領域に現われるが、物理学はそれらを扱わない。したがって、それらの対象は宇宙には含まれないのだ。

ガブリエルはただ当たり前のことを言っているだけだろうか。哲学的に言えば、ここには科学主義(前章で扱った独断的な科学的実在論を思い出してほしい)を牽制する意図がある。しばしば私たちは宇宙こそが最も大きな全体であり、すべての対象はそこに包括されると考えてしまう。ところが、そこにある暗黙の前提——宇宙に含まれる対象は物理学的に規定可能な対象である——に私たちはなかなか気がつかず、いつのまにか宇宙に含まれないものは対象ではない、という刷り込みがなされてしまう。宇宙が自然科学の対象領域であるかぎり何の問題もないが、物理学的に記述されないものは対象ではなく、人間の精神すら無化あるいは数学化されるとすれば、哲学的に大きな問題となる。だから、宇宙は世界より小さいと言っておく必要がある。宇宙は世界の一部でしかないのだ。

ガブリエルが科学主義を牽制するもう一つの理由は、それが誤謬であるだけでなく、ニヒリズムを呼ぶからである。

> あらゆる生命と意味を宇宙のなかの何らかの地点に位置づけることにすると、人生の意味は、すっかり縮減されて、いわば何らかひとかどのものだと自惚れた蟻の幻想であることになってしまいます。わたしたちは、ほかでもない自らの生存への利害関心ゆえに自分自身を特別視していて、人間とその生活世界とを何か特別なもののように考える傲慢な幻想にふけっているにすぎない。〔…〕わたしたちが何をどう感じているかなど、宇宙のなかで中心的な役割を演じていません。（同書、四三―四四頁）

科学主義はニヒリストを生む。宇宙全体から見れば、人間の営みなど無に等しいからだ。それどころか、ニヒリズムという問題そのものですら、傲慢な幻想に取り憑かれた人間自身が作り出して勝手に悩んでいるにすぎないものになる。私たちは自分でパズルを作っては、それが解けないといって悩み苦しんでいる微小な粒子の集合体なのだろうか。

科学的世界像が内面化され、それが絶対視されると、生の無意味に対する疑念から抜け出すのはいよいよ難しくなる。ちっぽけな人間が迷いながら生きて死ぬ——生きるとはただそれだけのことになってしまうからだ。

　だが、一般的に考えると、生はより大きな全体の一部であるという観念は二つの極を持ちうる。一方で、それはある種の一体感と安心感につながる。たとえば、生は大いなる自然の一部であり、すべては互いにつながっていると考えることができれば、そこには惨めな生に対する救済の感覚があるだろう。しかし他方では、先に示唆したように、いかなる生も所詮「生命の連鎖」の一場面にすぎないと考えてしまうなら、無意味なものが永遠に回帰しているという感覚が生まれ、一回かぎりの生の交換不可能性は失われてしまう。

　これら二つの極の発生は「全体性」を前提条件としている。だが、そもそもその前提条件は正しいだろうか。宇宙は世界より小さく、それは存在論的な限定領域にすぎない。では、宇宙を包括する全体性、すなわち世界は存在するのか――。

なぜ世界は存在しないのか

　世界は存在しない。哲学史において、ここまではっきりと世界の非存在を主張し、またそれを哲学の中心テーゼにした哲学者を私は知らない。しかも、世界の非存在を主張するガブリエルは、懐疑主義者ではなく実在論者なのである。懐疑主義者が世界は存在しないと言うことは想定できるが、実在論者はふつうそんなことは言わない。というのも、世界が存在しないとすれば、世界に含まれる物、対象、事実、対象領域といったものも無化されるか、あるいは少なくとも、それらが現出する地盤が失われるからである。では、ガブリエルはなぜそんなことを言うのか。私たちはその真意を慎重に見極める必要がある。

たとえば、超越論的観念論で「世界」はどう考えられていたか。カントにとって、世界は客観的存在者の究極的全体を表わす「純粋理性概念」（＝理念）であり、それは全体性を完結させようとする理性の本性から現われる。フッサールにとって、一切の地平の地平である世界は、あらゆる経験がそこで生起する地盤を意味する。ひとことで言えば、私たちの経験の進行にとって必要な理念――また、経験を構成する際に暗黙裡に前提とする確信――が「世界」だとされたわけである。

ガブリエルは「世界は存在しない」と言う。その意図についてはひとまず脇に置いて、なぜ世界は存在しないのか、その理屈を見てみよう。要約すると、それは次のような論証になっている。

(1)どのような対象も必ずある対象領域に現われる。
(2)世界はすべての対象領域の対象領域、それ以外の一切の対象領域がそこに現象してくる対象領域である。
(3)世界が存在するためには世界は一つの対象にならなければならない。したがって、世界は特定の対象領域に現われるのでなければならない。
(4)そうすると、世界がそこに現われる対象領域を包括する、より高次の対象領域が存在することになる。なぜなら、世界はすべての対象領域の対象領域であり、世界がそこに現われる対象領域を包括するメタ世界が存在することになるから。
(5)この包括関係の過程は無限に続く。したがって、世界は存在しない。

実際には、ガブリエルはいくつかの方法で世界の非存在を論証しているが、どのロジックも以上の論証を変奏したものだと言ってよい。難しく感じるかもしれないが、簡単な論理パズルなので、その論理を丁寧に追っていこう。

まず、どのような対象もある対象領域に現われる。火星は太陽系に、上司は会社に現われる。世界というのは物（リンゴや机といった目に見える物質的な存在）、対象（自由、数の32、日本、ユニコーン、道徳など、物質性に制約されない存在）、事実（リンゴが机の上にある、という何かについて真であると言える何らかのこと）、対象領域（一定の規則を有し、物、対象、事実が現われる場）を包括する全体なのだから、物、対象、事実が対象領域に現われるのだとすれば、すべての対象領域を包括する対象領域という言い方で世界を定義できる。すなわち、世界はそれ以外の一切の対象領域がそこに現象してくる対象領域のことである。

次に、世界が存在すると仮定するなら、それは必ずどこかに存在しなければならない。これは、世界が特定の対象領域に現われることを意味する。世界が存在するということは、世界が一つの対象とみなされるということだからだ。だが、そのとき、世界が現われている対象領域の他にも無数の対象領域が存在している。

さて、この事態そのものがねじれていることが分かるだろうか。というのも、世界が現われている対象領域と他の無数の対象領域は併存するが、世界はすべての対象領域の対象領域である以上、世界のなかにも他のすべての対象領域が現象するので、論理的には同じ対象領域が同時に二つ存在することになってしまう。それだけでなく、世界が現われている対象領域を含めたすべての対象領域を包括するメタ世界が上位に現われ、世界も二つ存在することになってしまうのだ。

世界が任意の対象領域に現われるなら、その対象領域を包括する世界が必然的に現われる。この包括関係は無限に続く。メタ世界が現出するなら、そのつどメタ‐メタ世界も現われるからだ。これは論理構造としては「異星人による福音」の思考実験と同型であることが分かる。全体性を完結させることは決してできない。したがって、世界は存在しない。

ここで注意すべきは、世界の非存在命題は、世界は存在しないが、無限に多くの対象領域は必然的に存在する、ということを含意することである。その理由を示すのは、そんなに難しくない。対象Aが存在するとしよう。対象Aは対象領域Xに現われている。対象領域も対象になることを思い出すなら、対象領域Xも一つの対象Bなのだから、対象Aと対象Bの少なくとも二つの対象が存在することになる。ところが、対象Bは別の対象領域Yに現われているのでなければならず、その対象領域Yも対象Cとなって、対象はA、B、Cの三つ存在することになるだろう。そして、この操作は無限に繰り返すことができる。したがって、全体としての世界は存在しないが、無限に多くの対象領域が存在することになるのだ。

ガブリエルは形式論理的に世界の非存在を証明しているが、その意図を私が翻案するならこうなる。たとえ世界全体を把握したと思っても、それはどこまでも限定された世界であって、あらゆる対象領域を包括する全体の認識ではありえない。いかなる世界像も必ず特定の対象領域の世界像にすぎず、それを全体化することは許されない。科学的世界像であろうと、宗教的世界像であろうと、同じことである。世界は存在しない――この命題は独断的世界像を決定的な仕方で斥ける。そもそも存在しないものの像に意味はないからだ。つまり、世界の非存在命題は独断主義の終焉を告げるのだ。

とはいえ、ガブリエルは形而上学の動機を否定しているわけではない。むしろ、形而上学は人間の本性から現われるものであり、そこに一定の必然性があることを認めている。ガブリエルは、こう書いている。

> この世界とはそもそも何なのか、わたしたちはどこに存在しているのか。わたしたち人間がこのようなことを知りたがるのは、まったく正当なことです。このような形而上学的な本能を過小評価してはなりません。〔…〕しかしながら、この世界全体とはそもそも何なのかという問いに答えるさいには、十分に慎重でなければなりません。わたしたち自身が日々している経験をあっさり跳び越えて、途方もなく巨大な世界が存在するかのように考えてはいけません。そのような世界には、わたしたち自身の経験を容れる余地がないからです。（ガブリエル 二〇一八a、一四一頁）

「プロローグ」で見たように、驚き、知的好奇心、存在不安を本質契機にして人は形而上学に向かう。そのこと自体は正当である。それどころか、世界全体の存在とは何か――存在の根拠を問うことが、人間を他の動物から区別するとさえ言える。しかし、論理的に言えば、世界全体がまるごと把握されることはない。私たちには決して答えることのできない問いがあるのだ。そのことをガブリエルは「世界は存在しない」というキャッチーな言い方で表現しているのである。

別の観点からはこうなるだろう。存在は全体性とは別に探求されねばならず、存在論は形而上学から切り離されなければならない。先に、「新しい実在論」のマニフェストを「存在論は認識論とは別に探求されなければならない」と書いた。いまやそのマニフェストにこう付け加えることができる――存在論は認識論と形而上学とは別に探求されなければならない。こうして、ついに私たちは「意味の場の存在論」を考察する地点まで来ている。

2　意味の場の存在論

存在とは何か

存在論とは「存在」についての哲学理論である。すなわち、存在するとはどういうことか――それを考えるのが存在論だと言える。たとえば、机の上にリンゴが存在する、知床半島にヒグマが存在する、私たちのあいだに友情が存在する、『スカイ・クロラ』にキルドレと呼ばれる子供たちが存在する、宇多田ヒカルの楽曲にはリリシズムが存在する、といった仕方で、私たちは日常的に「存在」について語っている。およそ何かが「ある」ということは哲学でどう語られるのだろうか。

存在を考えるにあたって、ガブリエルは三つの性質を区別している。

(1)固有の性質――ある対象を他の対象から区別するための性質

(2)形而上学的性質――あるものが世界に属するために必要な性質
(3)論理的性質――一般に、あるものが対象であるために必要な性質

順に説明しよう。まず、「固有の性質」はリンゴをバナナから区別するためにリンゴが有する性質である。リンゴをバナナから区別する性質がまったくなかったとしたら、私たちはリンゴとバナナを同一のものと認識するだろう。これはそんなに難しくないはずだ。

次に、「形而上学的性質」はリンゴが世界に属するために有する性質である。少しトリッキーな言い方になるが、たとえば、リンゴが世界に属するためには、リンゴは「存在する」という性質を有する必要がある、と考えてみることは可能である。存在と世界はつねにセットになっていると想定すれば、形而上学的性質は理解できるだろう。

最後に、「論理的性質」はリンゴが対象であるために有する性質である。たとえば、リンゴについて何らかの真偽判断が可能であるという性質をリンゴが有することで、リンゴは（論理学の）対象になる。あるいは、物理学では数学的に記述可能なことが対象であるための最低限の条件になるだろう。論理的性質は、あるものが対象とみなされるために必要な性質である。

では、存在は「固有の性質」、「形而上学的性質」、「論理的性質」のどれに当てはまるのか。言い換えれば、存在は自らを他の対象から区別するための性質なのか、世界に属するための性質なのか、対象となるための性質なのか。あるいはまた、これらのどれにも当てはまらないようなものなのか。このことが分かれば、存在についての理解を進めることができる。

ここでガブリエルは、カント以後の存在論の推論の方式を「存在論的動機」と呼び、次のようにまとめている（Gabriel 2015, p. 43）。

（P1）存在は固有の性質ではない。
（P2）存在は性質である。
（P3）すべての性質は、固有の性質か、形而上学的性質か、論理的性質である。
（C）存在とは、形而上学的性質か、論理的性質である。

存在は固有の性質ではないということは、少し考えればすぐに分かる。存在するという性質だけではリンゴとバナナを区別することはできない。存在は存在するものすべてに共有される性質なので、ある特定の対象の固有の性質にはなりえないのだ。だがしかし、存在が対象に備わる何らかの性質であることは疑いえない。たとえば、リンゴが存在すると言うとき、「存在する」は述語としてリンゴの性質を説明しているからだ。とすると、残されるのは形而上学的性質と論理的性質になる……ここまでが伝統的な推論の方式である。

ここで「世界は存在しない」というガブリエルの主張を思い出そう。形而上学的性質は世界に属するために、あるものが有する性質だった。したがって、形而上学的性質は世界を前提する。ところが、先に見たように、そもそも世界は存在しないのだとすれば、存在は形而上学的性質ではありえない。「世界はこれまでも存在していなかったし、いまも存在していないし、これから存在することもない。世界の存在など問題外なのである」(ibid., p. 153)。

では、存在は論理的性質なのだろうか。この問いに対するガブリエルの答えは、半分イエスで半分ノーである。すなわち、存在は対象であるために有すべき性質である、ということまでは認めるが、それは対象に備わっている性質ではない、と言うのだ。では、「存在」とは何なのか。「存在」は「意味の場」の性質である――これがガブリエルの解答である。意味の場に現われるということが存在の本義である、というのは、「意味の場に何かが現象している」=「その何かは存在する」ということだ。存在は対象の性質でも世界の性質でもなく、意味の場の性質である。だからこそ、カント以後の「存在論的動機」では、存在を十全に語れない。存在論的動機は存在を形而上学的性質か論理的性質に帰着させてしまうからだ。「意味の場」の概念を導入して初めて存在論は根本から刷新されうる。だが、意味の場とは何だろうか。

意味の場を考える

説明しよう。ガブリエルは存在論の基本単位を「意味の場」と呼ぶ。「対象領域」の代わりに「意味の場」という概念を使用する理由はいくつかあるが、なかでも重要なのは、集合論における「領域」概念と区別するためという理由である。集合論の領域には原則として量的に数えられるものだけが含まれる。馬という集合には世界に存在するすべての馬が含まれるが、その際には個々の馬の質的な差異は捨象され、そこに含まれている馬の数だけが問題になる。

それに対して、新しい実在論は芸術、宗教、物語、道徳、情動など、数学には還元されないものを広い意味で対象と認める。すなわち、人間の社会的‐文化的関係から現われる意味を対象に含めるために——対象領域という概念では誤解される可能性があるので——「意味の場」という新しい概念を存在論の基本単位として導入するのだ。

もう一つ、押さえておくべきことがある。カント以後の存在論では、「領域」は人間の言語実践や科学的分業によって構築されたものであるという見方が優勢である。世界にはさまざまな領域が存在するが、それらは人間によって分節されたものであり、したがって領域は構築されたものである。たとえば、自然と心という二つの領域が存在するのは、物理学と心理学のそれぞれが自らの領域を構築したからである、と。

ところが、ガブリエルはこうした見方を否定する——「領域の個別化は、私たちの学問領域の存在には左右されえない」(Gabriel 2015, p. 157)。すなわち、諸々の領域は客観的に存在するものであり、人間の認識によって構築されたものではない、と言うのだ。

詳しく考えてみよう。ガブリエルは、電荷が電気的な力を受ける空間である「電場」を範例にして、意味の場の概念を説明している。「領域(domain)」に対して「場(field)」は構築されない。ガブリエルは、次のように述べている。

> 場は客観的構造を提供し、そのなかに現われる対象と相互に作用する。場はすでにそこに存在し、対象はそこを通り抜けてその性質を変化させるのである。場は地平でもパースペクティヴでもない。それらは、いかに事物が存在するのかということを、いかに私たちは知ることができる

のかを説明するために導入される認識論的存在や認識論的対象ではないのだ。場というのは、いかに事物は存在するのかについての必要不可欠な部分であって、それらなしでは何も存在しえないのである。(ibid.)

意味の場は客観的な構造を提供し、何かが存在することとは、それが意味の場に現われることに等しい。それは(人間の)認識の条件をうまく説明するための概念装置ではなく、存在とは何かを最も根本的に説明するための概念である。対象は意味の場に現象すると、それぞれの意味の場が持つ固有の法則によって影響を受ける。シンプルに言えば、あるものは意味の場の力学によって具体的な意味を帯びた対象になる。

ここで注意すべきは、その現象が観察可能であるかどうかは存在論にとってさして重要ではない、という点だ。観察されようがされまいが、複数の意味の場は絶えず生成しながら、そのなかにさまざまな対象を生起させている。人間がそれを観察することもあれば、後になってから、特定の意味の場に対象が生起していたことに気づくこともある。あるいはこの先、永遠に観測されない意味の場と対象も存在するだろう。いずれにせよ、存在論にとって認識論は問題ではなく、存在は存在として純粋に考察されなければならないのだ。

とはいえ、人間がいなければ存在しない意味の場や対象があるのは事実だろう。たとえば、人間についての学問とそこに現象する諸対象は、そもそも人間がいなければ存在しないし、人間の心的領域は、人間が存在しなければ存在しない。しかし、だからといって、意味の場はすべて構築されたものである、と言えるわけではない。「人間だけが関わることのできる意味の場は、いずれも、けっして人間には触れることのできないいろいろな事実が属する意味の場とまったく同じように『実在的』である」（ガブリエル 二〇一八a、一五三頁）。科学的な事象であれ集合論的な事象であれ、社会的事象であれ文化的事象であれ、「意味の場」の概念はさまざまな事象をうまく説明するために導入されるのだ。

意味の場に現われるということは、特定のコンテクストに存在するということだが、重要なのは、そこですべてが説明可能になる単一のコンテクストは存在しないということだ。科学主義は、この点で根本的な誤謬に陥っている。また、すべてのコンテクストをメタレベルで統合する全体性（＝世界）も存在しない。形而上学は、この点で間違っている。つまり、こうだ――ただ一つの意味の場が特権的にあることはできないし、あらゆる意味の場を統一的に説明する全体性もありえない。ただただ無数の意味の場だけが存在している。

すでに見てきたように、これまでの哲学は実在としてのリンゴと現象としてのリンゴを区別してきた。形而上学は現象を仮象とみなし、その背後に存在する――しばしば現象を可能にするものとしての――実在を探究する。反対に、構築主義は実在を否定し、あらゆる認識は言語実践によって構築された現象であるという前提から探究を開始する。だが、どちらも存在と認識をうまく説明できていない。私たちの認識にかかわりなくリンゴが存在するのも事実だし、私たちにリンゴがある仕方で見えているのも事実だからである。このとき新しい実在論は、それらは異なる意味の場に現われたリンゴそれ自体だと考える。

ポイントは、物それ自体が多様な仕方で現象するということです。それらの現象のいずれもが、それ自身、一つひとつの物それ自体にほかなりません。そのさい重要なのは、どのような意味の場に現象するかということです。〔…〕現象とは別に存在するハードな事実がこの現実をなしているのではなく、いわばさまざまな物それ自体とその現象とがともにこの現実をなしているのです。そのさい、それぞれの現象はいずれも物それ自体です。（同書、一七五頁）

ガブリエルの図式では、実在（物自体）－現象（仮象）という対立概念は不要になっていることが分かるだろうか。むしろ明らかにすべきは、リンゴがそのつどのような意味の場に現われているのか、ということである。そして、それらのなかには、人間が決してアクセスできない意味の場もあれば、人間にアクセスできる意味の場もある――意味の場の外部はまさに無意味なのである。

スーパーで売っている青森県産のリンゴ、『白雪姫』でお婆さんが持っている毒リンゴ、誰も知らない森の奥でひっそりと朽ちていくリンゴ……それらすべては特定の意味の場に存在している。これまでの哲学では真なる実在をめぐって激しい論争が行なわれてきたが、「物語に登場するお婆さんの毒リンゴは実在しない」、「誰も見ていないリンゴは存在しないのと同じである」といったよくある言い分は、それが問題にしている意味の場を明らかにしないかぎり無意味である。『白雪姫』という物語の世界に毒リンゴは存在するし、私たちが認識しない事実もたしかに存在するからである（たとえば、二〇一九年三月一二日、14時19分の猫のシェーラーの体毛の本数）。重要なのは、そのつどのような意味の場を問題にしているのかを明確にすることなのだ。

もちろん、私たちの認識には誤謬も存在する。本物のリンゴだと思っていたものが実はレプリカだったということもあるし、アインシュタインの「相対性理論」で物理学が動揺したりもする。だが、認識は原理的に修正されうる、という事実は、どのような認識も仮象であることに帰結しない。端的に言って、修正されることもあれば、修正されないこともあるからである。そして、修正される場合には、正当な理由と根拠によって修正されるはずである。

たとえば、「人権」概念の普遍性はどうだろうか。近い将来にＡＩが自我を持ち、自己価値の欲望をＡＩ同士の主奴関係のなかで展開するとしたら、人権はＡＩにも拡張されるかもしれない。しかし、だからといって、私たちがいま考える人権の理念が仮象であることにはならないだろう。正当な理由と根拠を示せる場合に、そのつど適切な修正を加えればいいし、その場合には「人権」は新たな意味の場に現象するだけなのだ。

まとめよう。ガブリエルは存在論の基本単位を「意味の場」と呼ぶ。何かが意味の場に現象することが存在の本義であり、意味の場は無限に存在する。意味の場の複数性を前提にすれば、対象は必ずしも特定の意味の場に結びつかなくてもよいことが分かる。水は自然科学ではH_2Oとして現象し、砂漠では貴重な飲み物として現象し、サウナでは身体を冷やすものとして現象する。意味の場を通過することで、対象は特定の仕方で現れることになるのだ。つまり、まず無数の意味の場の区分が存在し、それから対象とその認識が問題になる。この順序を逆にしてはならない。

意味の場は対象を規定する客観的な力場であり、対象の現象の仕方が意味の意味である——〈どこでもないところからの眺め〉など存在しないが、人間に眺められることが存在の本質条件であるわけでもない。

ガブリエルの自然主義批判

多くの著書と論文でガブリエルがこだわっている論点の一つとして、自然主義批判がある。『なぜ世界は存在しないのか』では、宇宙は一つの存在論的な限定領域であることを示すことで、科学的世界像を相対化している。ガブリエルの判定では、近代のニヒリズムは科学的世界像が絶対化されて「意味」の探究が挫折したことに端を発する。ニヒリズムとメランコリーについての私の見解は本書の冒頭ですでに述べたが、科学とニヒリズムの関係もまた興味深い。以下では、ガブリエルの自然主義批判を検討してみよう。

ガブリエルによれば、「自然主義」は三つのテーゼを含んでいる（ガブリエル 二〇一八b、一三三頁以下）。

(1)形而上学的テーゼ——超自然的なものは存在せず、自然的なものだけが存在する、という主張。観察と実験によって確定される事実だけを実在とみなし、神、魂、自我、道徳的価値、さらには精神的なもの一般は超自然主義というレッテルを貼られる。

(2)第一の連続性テーゼ——論理学、数学、哲学を含めたあらゆる学問の形式は、最良の自然科学の延長線上にある、という主張。クワインの「自然化された認識論」が想定されている。

(3)第二の連続性テーゼ――生物学や人類学における動物と人間は連続的である、という主張。言語、思考、志向性、理性、道徳は進化心理学的に完全に解明できるとされる。

ガブリエルは、この三つのテーゼが混じりあった状態を「商慣習的な自然主義」（暗黙の習慣として身についてしまった自然主義）と呼ぶ。「商慣習的な自然主義」ではこれらの独立したテーゼが混同され一緒くたにされるが、この世界像は一つのイデオロギーだ、とガブリエルは言う。

> 商慣習的な自然主義はあらゆる領域で、そしてどのような種類のやり方においても自然主義的であろうとするが、こうした世界像はかなり普及している。普及した世界像としての商慣習的な自然主義は、科学的であるというよりもむしろイデオロギー的な特徴を有しているにもかかわらず、この自然主義は哲学的考察に値する。なぜなら、哲学の主たる課題の一つはイデオロギー批判だからである。（同書、一三四頁）

自然主義はあらゆる学問領域に普及している。それは生活世界を覆いつくし、私たちは自然主義を暗黙裡に自明なものとして受け取って、科学的世界像を前提にして物事を判断することに慣れてしまっている。だが、いかなる批判的検証もなしに自然主義を信奉しているとすれば、それは一つのイデオロギーではないか。まるで科学の客観性がイデオロギーの全体性へと反転しているかのようだ。

哲学の課題の一つがイデオロギー批判であるからには、自然主義がイデオロギー化もしくは全体主義化するための条件と構造を解明する必要がある。その後で、科学的世界像を徹底的に相対化し、「自然主義的実在論」を「意味の場の存在論」に置換しようというわけだ。

一般に、実在論は思考から独立して存在する現実または世界を擁護するが、この考え方をさらに突きつめると、「今ある事実の多くは、仮に誰かがそのような意見を一度たりとも形成していなかったとしてもあり続ける」（同書、一三八頁）という積極的な主張になる。ガブリエルは、この事実を「最大限様相的に強固な事実」と呼ぶ。たとえば、太陽が地球より大きいことを私たちは知っているが、たとえ私たちがその事実を知らなかったとしても、太陽が地球より大きいことに変わりはない。つまり、人間の認識や知識とは無関係に成立する事実が「最大限様相的に強固な事実」だと言える。

ここで実在論者であることの第一条件は、「最大限様相的に強固な事実」を認めるかどうかである。逆に言えば、もしそのような事実を承認しないのであれば、その人は反実在論者であることになる。すでに述べたように、存在について理解するために、存在を理解することについて理解する必要はないのである。

ガブリエルは、「最大限様相的に強固な事実が存在する」というテーゼを「中立的実在論の根本命題」と呼び、この命題を原則として支持している（さしあたって、中立的実在論は認識論、形而上学、構築主義、自然主義とは別様に実在論を構想する立場だと考えればよい。詳しくは、ガブリエル 二〇一六を参照）。私たちの目的は、中立的実在論が自然主義的実在論に転化する瞬間を見極めることにある。ここで注目すべきは、「商慣習的な自然主義」は「中立的実在論の根本命題」に余計な追加をするということである。すなわち、「最大限様相的に強固な事実」は特定の特権的な立場（自然科学）によってのみ認識されるのではないか、ということだ。その推論の過程はおよそこうである――私たちの認識に関係なく、「最大限様相的に強固な事実」は存在する。それらの事実は世界にたしかに存在しており、絶対的な仕方で把握可能なはずだ。ただし、それは自然科学によってであり、それ以外に道はない、と。

こうして、自然主義は中立的実在論に「便乗」する。すなわち、世界の全体と自然科学の特権性という二つの条件を中立的実在論の根本命題にそっと付け加える。中立的実在論が自然主義的実在論に変貌する瞬間だ。

ところが、これまで見てきたように、あらゆる意味の場をメタレベルで統合する世界は存在しないし、特定の意味の場が特権的になることもありえない。だとすれば、自然主義は世界全体を想定し、そこに科学的世界像をはめ込もうとするが、その推論は二重に間違っていることになる。世界全体はそもそも存在しないし、特定の意味の場の法則がすべての意味の場を統一することもありえないからである。

自然主義はそれ自身に内在する形而上学的動機をうまく隠しているように見える。一般に、自然主義は超自然的なものを否定する形而上学批判として登場したのだから、形而上学的関心を持つはずがないと思い込まれているが、実情は異なるのである。自然主義は世界全体を独断的かつ排他的に規定することで、それ自身が一つの形而上学になっている。というのも、「世界全体の究極の根拠に迫ろうとするのが形而上学である」なら、自然主義の裏側には、実証的方法によってそれを実現しようとする野望が垣間見えるからだ。この点では、科学的世界像と宗教的世界像に大した差はないとすら言えるかもしれない――いずれも特定の世界像を絶対化することで、唯一無二の信仰の体系を作り出すからである。

このように世界の非存在命題は、決して形式的な論理パズルではなく、独断主義と全体主義を牽制する思想だと考えるべきだ。自然主義は数ある独断主義の一つにすぎないが、にもかかわらず、その一面的な見方は現代の学問全般に広く蔓延している。そして、それは「人間的であること」の意味を無化して、ニヒリストを生産する大きな動力になっているのだ。神なき時代のニヒリストが新たな意味を求めても、科学的世界像はその努力を逆側から打ち消す。ガブリエルのラディカルな自然主義批判はまさしくこの点にこそ関係しており、生の意味を立て直そうとする現代哲学の挑戦を代表するものなのだ。

意味の場の存在論――存在論的多元主義と存在論的実在論

意味の場の存在論は二つの主張からなる。一つは、意味の場の複数性にもとづく「存在論的多元主義」。もう一つは、事実それ自体を認識できると考える「存在論的実在論」である。

世界を前提とせずに多元主義と実在論がともに擁護されているという点で、意味の場の存在論は新しい存在論のモデルを提示している。これまでの考察を踏まえて、そのモデルの全体像を整理してみよう。

(1)存在論は形而上学とは無関係に研究される。

形而上学は世界全体の存在の根拠を思弁的に考える。だからこそ、哲学の歴史において、存在論はしばしば形而上学とともに語られてきた。存在の探究は形而上学である、と思われてきたのである。世界全体の究極の根拠を知りたいという人類の動機は、原始共同体の神話にすでに見て取ることができるが、宗教と形而上学はその動機を引き受け、宗教は神々の物語を語ることで、そして形而上学は思弁的推論によって、それぞれの役割を果たしてきた。

だが、宗教や形而上学は、世界それ自体の真理をめぐって多くの深刻な信念対立を生み出した。近代ヨーロッパにおけるカトリックとプロテスタントの対立のように、絶対的な正しさをめぐって殺し合いが起こることも珍しくなかった。また、哲学でも世界全体についての形而上学的理説が複数存立し、決着のつかないまま無限にスコラ議論が積み重ねられた。

ガブリエルが世界の非存在を主張し、存在論を形而上学から切り離すのはこういうわけである。世界は存在しない。あらゆる意味の場を包摂する意味の場は論理的に生じないからだ。世界の非存在命題は独断的世界像に決定的な一撃を加え、不毛な信念対立と暴力の芽をあらかじめ摘みとる。すなわち、世界の非存在命題は全体主義への対抗思想なのである。

⑵存在論は認識論とは無関係に研究される。

このテーゼは、思弁的実在論の人間中心主義批判やポスト・ヒューマンの思想に与《くみ》するものとして理解されてはならない。ガブリエルの中心動機は、あくまでも（人間的）「精神」の価値を再興することだからである。にもかかわらず、存在は認識に依存していない。存在とは意味の場に何かが現象することであって、そこに観察者がいるのかどうかは――さしあたって存在論を考えるうえでは――重要な契機ではないからである。

無数の意味の場はつねに重層的に生成しており、そこにさまざまな対象が現象している。意味の場それ自身も対象になりうるのだとすれば、それが他の意味の場に現象することで、それぞれの意味の場は互いに複雑な入れ子構造をなしている。しかし、すべての意味の場を統合するメタレベルの意味の場（＝世界）は存在せず、無数の意味の場は全体性を完結することなく生まれては消えていく。その現場に私たちが居合わせているのかどうかは、存在論にとっては――存在について中立的に考えるためには――さして重要な問題ではない。

(3)意味の場の複数性は構築されたものではない。
構築主義は原則として存在論的多元主義の立場である。すべての認識は社会的‐文化的に構築されているのだから、認識も存在も構築された数だけあってよいことになるからである。世界は言語的実践や科学的分業によって切り分けられ、その切り取り方の数だけ存在は多元的になる――構築主義はそう主張する。

その構築主義の困難は、構築主義の主張それ自体が構築されたものである、という批判を免れえないことにある。これは相対主義が相対化されるのと論理的に同型である。「すべては相対的なものにすぎない」という主張だけが、どうして相対的でないと言えるのか。「すべては相対的なものにすぎない」という主張も相対的なものにすぎない。

存在と認識の複数性を主張する構築主義的多元主義には一定の理があるが、多元主義を正当に提起するには、人間の認識の多様性ではなく、意味の場の複数性から出発する必要があるのだ。そうすることでようやく、多元主義は相対主義に巻き込まれずにすむ。私たちは物それ自体や事実それ自体を認識することができるが、それは唯一の意味の場に属するわけではない——これが新しい実在論の根本命題である。したがって、意味の場の存在論は反相対主義である。

(4)自然主義は特権的ではない。

宇宙は世界より小さい。宇宙は物理学の対象領域であり、そこに含まれていないもの——たとえば、空想、道徳、神、自由、精神——も存在するからである。端的に言えば、自然主義は万能ではなく、特に「精神」の意味をその対象領域から除外するという点で、明確な限界を有している。物理学にかぎらず、あらゆる事象が還元される特権的な意味の場など存在しないのである。

そのうえ、自然主義は形而上学的野望を背後に隠し持っている。自分だけが世界全体について知るための唯一の手立てを持っている、と錯覚しているのだ。ここで一番の問題は、自然主義の論理を徹底すると、ほんらいただの肉の塊にすぎないはずの人間が、何らかの理由で自己意識という壮大な幻覚を見ながら右往左往しているのが生である、という事態になりかねないことだ。自然主義の絶対化はニヒリズムの源泉であり、それに対抗するのが、意味の場の存在論なのである。

このように、意味の場の存在論は、形而上学、認識論、構築主義、自然主義との緊張関係にある。

存在は意味の場の性質であり、どのような対象も意味の場に現われる。しかし、ある対象は複数の意味の場に属することができ、対象‐意味の場の連関は一つには絞りきれない。それどころか、それらは無数に存在している。意味の場から切り離された対象は存在せず、だからこそ〈どこでもないところからの眺め〉は存在しない。認識には必ず特定の観点またはコンテクストがあり、対象の認識は対象が属している意味の場の認識をも同時にもたらすのだ。

言うまでもないことだが、ガブリエルは科学と宗教を否定しているわけではない。人間社会でそれらが果たす役割を認めて、評価してもいる。科学は広範な「客観性」を創出しており、それなしでは現在の生活はありえない。宗教は「無限性」に対する人間の感覚を反映しており、現代においてもなお精神の意味の探求の大きな受け皿になっている。ガブリエルが問題にしているのは、あくまでもそれらが世界像に転化する場面であることを忘れてはならない。

最後に注意すべきことがもう一つある。私たちは物それ自体と事実それ自体を認識できるが、「すべての見方《パースペクティブ》が等しく真であるわけではない」（ガブリエル 二〇一八a、二七二頁）ということだ。私たちは対象を間違った意味の場に位置づけてしまうこともある。だが、意味の場の存在論では、間違いや誤謬も一つの意味の場に現象しており、それが存在しないということにはならない。だからこそ、世界以外のすべては存在している、とガブリエルは主張するのだ。

何かについて真である認識とそうではない認識は区別されうる。つまり、どのような認識も真であるとはガブリエルは主張していない。そのような区別が可能であり、間違った認識を修正していくことができるのは、〈私〉が〈私〉自身に閉じ込められていないからである。ガブリエルは『なぜ世界は存在しないのか』の本論の最後にこう書いている。

人間は、誰もが一人ひとりの個人です。しかし、同じようにそれぞれ個々のものであるさまざまな意味の場を、わたしたちは共有しています。ですから、わたしたち一人ひとりが自分自身に閉じ込められているわけではありません。ましてや自らの自己意識に閉じ込められているのではありません。わたしたちは、無限に多くの意味の場のなかをともに生きながら、そのつど改めて当の意味の場を理解できるものにしていくわけです。それ以上に何を求めるというのでしょうか。
(同書、二七三―二七四頁)

私たちは意味の場を共に生きている。意味の場を共有しているという事実が、人間の認識の秩序が編みかわる可能性の条件なのである。

3　高さでも広さでもなく

新しい現実主義

これまで私たちは「新しい実在論」の骨格を見てきた。それは「存在論的多元主義」と「存在論的実在論」によって特徴づけられる「意味の場の存在論」だった。本章の最後に、「高さ」と「広さ」

に関係する「新しい現実主義」としてのガブリエル哲学の可能性を探ってみたい。

はじめに考えたいのはニヒリズムの問題である。ガブリエルは自然主義がニヒリズムを進行させると批判していたが、ここではニヒリズムという事象をさらに一般化して考えてみよう。私たちの問いは、こうである――ニヒリズムは意味の場の存在論ではどのように位置づけられるのか、そして、そこから何か積極的な結論を引き出すことはできるのか。結論から言えば、私の答えは肯定的である。

「プロローグ」で書いたように、ニヒリズムとは「もしかすると、あらゆるものは無意味かもしれない」という疑念のことである。しかし、一切の意味を疑い、世界は無意味かもしれないなどと、どうして考えるのだろうか。むしろ事情は逆で、現代の生は「意味」で氾濫しているとさえ言える。たとえば、将来の夢は大きな意味の一つだが、現代社会では選択肢がそれこそ無数にある（ハイパーメディアクリエイターという職業があるのを知ったときには驚きだった）。近代以前の社会では、そもそも職業選択の自由はありえなかったし、選択するにしてもいくつかの選択肢から選ぶだけだった（運が良ければ、農民をやめて武士になれるくらいだった）。

ついでに言っておくと、この状況はメランコリストの身体性に深く関係している。目の前に無数の意味が存在しているのに、メランコリストはどういうわけか一つの意味を摑み取れない。どれも多様なものの一つにすぎず、その意味を選び取るための根拠が欠けているのである。つまり、こうだ。意味の場は無数にある。けれども、どの意味の場が〈私〉にとって特権的といえるのか、そもそも特権的な意味など存在するのかが分からないのである。この点についてのガブリエルの解答は、すがすがしいくらいシンプルである――特権的な意味の場など存在しない。

ニヒリストの話に戻ろう。現代社会には無数の意味が氾濫しているにもかかわらず、ニヒリストはどうして生と世界の無意味を主張するのだろうか。ひとことで言えば、それは生きるに値する意味が見つからないからだ。ニヒリズムの本質について、ニーチェはこう書いている。

> ニヒリズムとは何を意味するのか？――至高の諸価値がその価値を剝奪されるということ。目標が欠けている。「何のために？」への答えが欠けている。（ニーチェ 一九九三、(上)二二頁）

ここにはニヒリズムの本質がよく表現されている。あらゆるものは無意味かもしれないという疑念は、つまるところ生と世界の「価値」の問題なのだ。何のために生きるのか――（無数の意味はあっても）この問いに対する答え（だけ）が欠落している。では、なぜそのような事態になってしまったのか。それは超越的なものが失墜したからだ、とニーチェは言う。「彼岸とか、『神的』であり道徳の体現であるような事物それ自体とかを措定する権利を、私たちはいささかももってはいないという洞察」（同書、二二―二三頁）がニヒリズムをラディカルなものにするのである。

ニヒリズムは何らかの理由で意味が無化されることをその本質契機として持つが、単に意味が受動的に無化されるだけでは、極端に先鋭化せずに済むはずである。つまり、「意味の無意味化」には「受動性」と「能動性」の二つの契機が存在する、と考えるべきなのだ。言い換えれば、虚無が虚無主義へと展開するのは、そこに理性的かつ積極的な洞察が組み入れられたときなのである。「世界はすでに失われてしまった」と茫然自失となるのが「虚無」だとすれば、「虚無主義（ニヒリズム）」は

「世界の一切は無意味にちがいない」という普遍的洞察にまで虚無を押し進める。

だから、ニヒリズムが最終的に「世界喪失の経験」にまで行き着くことには必然性がある。失われたものは世界の一部でしかないのに、ニヒリストはそれを全体化して、世界全体の無意味さを宣言する。ニヒリストはしばしば、すべてを奪い去って彼を孤立させた世界を呪うが、それは本質的にニヒリスト自身の観念の内部での出来事なのである。しかし無論、そのような出来事を軽視することはできない。やり場のない攻撃性は喪失の表われにほかならないのだから。

ここで注目すべきは、「世界の一切は無意味にちがいない」という言明は、ニヒリストの生に対する最後の執着を表明してもいる、ということだ。少なくともその言明だけは有意味だとニヒリストは考えているからである。すべては無意味であるはずなのに、「世界の一切は無意味にちがいない」という言明だけはどうして有意味でありうるのか。それはニヒリストがそれでも生きる「意味」を切実に求めているからだと私は思う。

そのとき理性がさらなる一歩を踏み出せるかどうかが、ニヒリズムの行く末を決めるだろう。「世界の一切は無意味にちがいない」という言明そのものを無効にすること。そう思い立ってようやくニヒリズムは自壊する。あるいは、こうも言えるかもしれない。ニヒリズムの根本命題を理性的に無化して初めて、「意味」の意味について考えることができるようになるのだ、と。

では、そもそも世界は存在しないとしたらどうだろうか。世界は存在せず、無数の意味の場だけが存在する。新しい実在論にしたがうなら、世界全体が無意味であることは絶対にありえない。ガブリエルはこう書いている。

> すなわち、どんな物ごとでも、わたしたちにたいして現象しているのとは異なっていることがありうる、ということです。それは、存在するいっさいのものが、無限に数多くの意味の場のなかに同時に現象しうるからにほかなりません。わたしたちが知覚しているとおりの在り方しかしていないものなど存在しない。むしろ無限に数多くの在り方でしか、何ものも存在しない。これは、ずいぶんと励みになる考えではないでしょうか。（ガブリエル二〇一八a、二九一頁）

メイヤスーの「不在の神」に比べると、ガブリエルが提起するのは絶対的な高さを要請せずに、「意味」にアクセスする可能性である。世界全体の意味を上から規定する世界像は存在しないとしても、私たちの目の前には無数の意味の可能性が広がっている。ガブリエルは「これは、ずいぶんと励みになる考えではないでしょうか」と言う。私はこの一節に彼の生きる態度を感じる。

救済の確実性も絶望の絶対性も存在しない。世界全体に確実な意味があれば、壊れかけた生も再び意味を与えられて救済されるはずだ。したがって、宗教的世界像は「救済の確実性」の思想なのである。他方で、世界全体が物理的秩序に還元されるなら、人間はシステマティックな肉の塊でしかないことになる。そうなれば、科学的世界像は「絶望の絶対性」に帰着するほかない。

だが、いずれの世界像も「世界」という全体観念から現れる背理にすぎないのだ。だから、確実な救済は訪れないが、絶望が絶対化することもない。そして私たちは、励みになる考えを探すことができる。いや、それさえあれば人は生きていけるのだ。

その可能性の中心は、意味の場の複数性の「客観性」にある。もし、あらゆる意味が理性によって構築されたものだとすれば、理性は理性に閉じ込められ、同じく理性から出来するニヒリズムの外部は遮断される。しかし実際には、意味の場の複数性は――少なくとも存在論的には――人間とは無関係に生起する。たとえ意味が無意味化されたとしても、それは特定の意味の場の意味が無化されたことだけを意味し、その無化が連鎖して全体化することはない。意味はいつも、何度でもそこにあるはずなのだ。もちろん、それを探すのはニヒリストとメランコリストにとって最初の困難になるが、この点については「エピローグ」で改めて考える。

私たちは意味の場から意味の場に絶えず移動している。それぞれの移動の一回性は儚《はかな》いものだが、それは同時に唯一無二のものでもある。その移動を積み重ねること、その移動を楽しみつつそれに耐えることが、現代の実存者の義務ではないだろうか。これを悲劇とするか、喜劇とするか――どんなに苦しい意味の場にいたとしても、次の意味の場は必ず現われる。私たちとは無関係に、無数の意味の場は待ち構えているからだ。

> 実存主義的な悲嘆の気持ちが生じるのは、人生にたいして、ありもしないことを期待するからです――不死や、永遠の幸福、すべての問いにたいする答え、等々。そんなことを人生に期待しても、じっさいに失望するほかありません。（同書、二八一頁）

ありもしない「高さ」を夢見てはならない。それこそが失望の源泉になる。形而上学的な超越は存在せず、神の高さを取り戻すことはできない。だが、「意味」であれば実在する。つまり、高さがない場所でも意味を享受することはできる。では、それだけではいけないのか？　それだけの選択肢しかないことがいけないのだろうか？

この問いに対して、私は決定的な答えを返すことができない。高さを求める人間だからなのかもしれない。それでも、ガブリエルの「新しい現実主義」は、これまでにない実存の範型を示している。強い憧れを育てることはできなかったとしても、途切れることのない意味の連続性と無限に多く存在する意味の場のモデルが、私たちの実存を支える。存在不安を完全に打ち消してくれる超越性や絶対的な高さへのロマンは思い切って諦めてしまおう。だとしても、意味の場は存在するし、無数の意味の場を移動しながら生きていくことはできる。救済と絶望という言葉から離れてもなお、メランコリストは現実世界でささやかな希望を持ち、そのつどの意味の場とやがて来る意味の場への移動にかけがえのなさを感じながら、新しい意味の連関を作り出していけるはずなのだ。

民主主義と意味の場の存在論

「広さ」について考えよう。一見すると、善悪に対するガブリエルの態度は楽観的であるように思える。端的に言えば、意味の場の存在論は善悪の秩序の「実在」を主張するからである。たとえば、精神と道徳の事実を台無しにする科学的世界像を批判する次の一節は、ともすれば素朴な道徳主義者という印象を与えるかもしれない。

なぜならこの世界像は、〔…〕私たち人間は価値の考案者にすぎないのであり、最終的にはそれらの価値を廃棄したり、価値付け直したりできると思わせてしまうからである。そうすると、道徳的真理——〈殺すなかれ〉のような——を廃棄し、価値づけ直そうとすることもできてしまう。私たちはこれを悪と呼ぶ。善悪の彼岸で待ち構えているのは超人ではない。そこで待ち構えているのは、自分は自分が作ったのではない規範には従わないと考えているような人間である。だが、そうした考えは錯覚なのだ。（ガブリエル 二〇一八b、一四八頁）

先に論じたように、自然科学で研究可能なものだけを存在と認める自然主義は、精神や道徳を無力化してしまう。すなわち、それは精神と道徳が存在するという事実を疑わしいものにする。だが、この考えは単に間違っており、精神も道徳もともに存在する、とガブリエルは断言する。

あるいはまた、こうも言っている。道徳的真理の根拠を根底から問い、その価値を再構成しようとするのはやめたほうがよい。なぜなら、そのような作業は自分で作ったのではない規範にはしたがわない者や、〈私〉は〈私〉のルールにのみ準じると考える愚かな者を生むだけだからだ。つまり、広さはすでに実在する以上、その根拠を問いなおす必要はなく、その根拠を問いなおそうとすれば、逆に善悪の根拠を相対化してしまう、ということである。

率直に言って、この主張にまず感じるのは違和感だ。善悪の意味を根底から考えるのは哲学の重要な仕事である。それなのに、「道徳的真理——〈殺すなかれ〉のような——を廃棄し、価値づけ直そうとすること」をただちに「悪」とみなすことなど可能だろうか。そもそも「道徳的真理」の妥当性を検証することで、善悪の秩序は再度創出されるのだから、その妥当性の検証の作業そのものを「悪」とするのは早計ではないだろうか。

さらに、善悪の秩序が対立している場合をどう考えるのかも大きな論点となる。たとえば、「民主主義」は多くの先進国で受け入れられている理念の一つだが、中東のイスラム国家はヨーロッパ的民主主義を理屈ぬきに受容するだろうか。現状ではできていないが、いずれはどの国家も民主化されるはずだ、と誰が断言できるのか。むしろ、そのような断言こそが反発を生むだろう。

もちろん、意味の場の存在論は多元主義を擁護する。だから、意見の違いを独断的に平準化しようという発想はない。まずはそれぞれが依拠する意味の場を明らかにし、それらの存在を承認する。そして、次にどのような意味の場が私たちにとって重要かを話し合う。

その際、最も難しいフェイズは、それぞれの共同体の「道徳」が対立する場面だろう。たしかに多くの国家の法は殺人を禁止している。だが、たとえば死刑制度については意見が分かれる。そのような場合、殺人の禁止の根拠を、誰もが確かめて納得できる仕方で考えてみる作業が必要になるはずだ。納得していないのに従順でありうる人間の方が危険だと私には思える。

後に論じるように、ガブリエルの真意は別にあると思われるが、道徳的真理を前提とし、それを問いなおす可能性を否定するような言い方は、控えめに言ってもミスリーディングである。意味と価値が問題になる場面で生じる信念対立を調停するためには、善悪の根拠をそのつど問いなおす作業が不可欠であり、それは近代哲学が引き受けた仕事でもあるのだから。

では、ガブリエルの意図を汲んで、先の一節を肯定的に解釈してみよう。そもそも新しい実在論は全体主義に対抗する哲学だったのだ。そこで私なりに翻案すると、こうなる。私たちはすでに民主主義、人権、表現の自由、男女の平等といった基本的な理念については普遍的合意に達した。実際に、私たちは教育を通じて学び、それらの理念の哲学的根拠は言えないにしても、誰もが自由な人格として対等であり、基本的人権を有していることについては疑っていない。それらは、長い歴史のなかで、対立と闘争、抑圧と差別、暴力と抵抗を繰り返しながら、やっと獲得された人類の知だと言ってよい。

それらの原理的根拠をいま根底から再考するのは、はっきり言ってリスクでしかなく、哲学の努力はそれらをどのように実現していくかに向けられるべきだろう。先進国の人間の義務は、民主主義の根拠を問いなおすことではなく、理不尽な暴力に対抗するための民主主義をどう整備し実現していくかにあるはずだ。

ガブリエルが精神と道徳の「実在」を支持する理由、おそらくそれは民主主義の制度を根底で支えるためである。意味の場の存在論と民主主義の関係について、ガブリエルは次のように述べる。

ほかの人たちは別の考えをもち、別の生き方をしている。この状況を認めることが、すべてを包摂しようとする思考の強迫を克服する第一歩です。じっさい、だからこそ民主制は全体主義に対立するのです。すべてを包摂する自己完結した真理など存在せず、むしろ、さまざまな見方のあいだを取り持つマネージメントだけが存在するのであって、そのような見方のマネージメントに誰もが政治的に加わらざるをえない――この事実を認めるところにこそ、民主制はあるからです。民主制の基本思想としての万人の平等とは、物ごとにたいしてじつにさまざまな見方ができるという点でこそわたしたちは平等である、ということにほかなりません。（ガブリエル 二〇一八a、二六九頁）

ここでガブリエルは民主主義を全体主義に対置させているが、民主主義という制度を支える新しい存在論のモデルこそ意味の場の存在論にほかならない。私たちはものごとをさまざまな見方で眺めることができる。その理由をひとことで言えば、どのような対象も複数の意味の場に現象しうるからだ。何よりもまず、意味の場の複数性を承認すること。それから、すべてを包摂する真理を拒否し、生きかたの多様性を承認すること。これが新しい実在論の自己主張なのである。

誤解を恐れずに言えば、「広さ」について必要以上に神経質にならなくてよい、ということになるだろう。ここでの「必要以上に」は、認識論的な迷路に迷い込み、結果として懐疑主義や相対主義に陥ってしまうことを意味する。賛否が分かれるところだとは思うが、ガブリエルが道徳と精神の実在を固持するのは、その対極に道徳と精神の根拠をなし崩しにする相対主義と懐疑主義の陣営が存在するからである。自然主義は道徳と精神を非存在とみなし、構築主義はそれらを相対的な構築物にしてしまう。だから、ガブリエルはあえて言うのだ――道徳と精神は実在する、と。

無論、ガブリエルは民主主義の普遍性に強い確信を持っている。全体主義の暴力に対抗する民主主義という像を明確化し、それを存在論のレベルで基礎づけることで、現代の哲学が擁護すべき「広さ」の原理を提起している。

だが、ガブリエルが広さの哲学的意義を強調しているかといえば、そうとは言えない、と私は考える。むしろ、民主主義とそれを支える概念の普遍性を前提にして、意味の場の複数性それ自体を最も重要なものとみなしているように思える。要するに、全体化しない意味の場が複数担保されているという状況そのものが肯定されている、ということだ。

したがって、高さでも広さでもないとは、それらをまったく無視するのではなく、どの程度の高さと広さが可能なのかを抜本的に吟味することを意味するだろう。形而上学の高さは存在しない。民主主義の広さは存在する。要は、意味の場の複数性だけが存在する。こういう状況にあって、私たちはどう生きるのか。いや、私たちはどう生きうるのか？

面倒だとしても、生成の途上にある意味の場を手がかりにして、一からやり直さなければならない。たとえば、どのような意味の場が憧れを喚起するのか。人間なら誰もが同じように認識可能かつ了解可能な意味の場は存在するのか。これらの課題を一つ一つ地道に処理していくしかなく、そのほかに可能性はない、ということに納得できるかどうかが問題なのだ。

新しい実在論についての結語――陽気な怪物とメランコリスト

誰が言ったのかは忘れてしまったが、「無気力な感傷家より、陽気な怪物のほうがまし」という箴言がある（この箴言自体も正確ではないかもしれない）。私はこれをしばらくのあいだ忘れていたが、大学の講義の準備で取り組んでいた『なぜ世界は存在しないのか』を読み終えたとき、真っ先にこの言葉が頭に思い浮かんだ。とても失礼な言い方だが、ガブリエルは「陽気な怪物」にちがいない、と思ってしまったのである。もちろん、その思いは肯定的な感情とともにあった。そこには「無気力な感傷家」を嘲笑うガブリエルがいた——感傷家よ、お前はまだ世界を憂えているのか、と。

ポストモダン思想にも似たような感覚を覚えることはあったが、ガブリエルのそれには見たことのない開きなおりとすがすがしさがあった。それは、これまでの哲学の知見とそれに対するガブリエルの理解に裏打ちされていることはすぐに分かったが、最も好感を持ったのは、私が読むかぎり、どこにも投げやりな態度が見出せなかったことである。少し年上の新しい感性が出てきたな、と思った。

世界は存在しない。世界の非存在命題が意味するのは、つまるところ単一の世界解釈は存在しないということだ。世界それ自体を把握したと考えても、その把握された世界は特定の意味の場に現われた世界像にすぎず、世界全体はつねに人間の理解よりも大きい。世界が存在しないからこそ、すべての対象が同一の法則で統一されることはありえず、意味の場は無数に生成する。したがって、世界の非存在命題は独断的な世界像を駆逐し、認識の複数性と存在の多元性を担保するのだ。

それでもなお人間は事実それ自体を認識できる、とガブリエルは言う。しかも、それは形而上学が想定するように現象の背後に実在が存在するからではなく、物それ自体と事実それ自体がさまざまな仕方で現象するからだという。ポストモダンが主張したように、私たちは壮大な夢を見せられているのではない。現実は実在的かつ多元的に存在しており、認識はそのような現実に触れることができるのである。新しい実在論は存在論的多元主義かつ存在論的実在論だからこそ、ポストモダン思想の相対主義的＝構築主義的多元主義とは区別されなければならない。

各人がそれぞれの意味の場を生きているという点では、私たちはまったく別々の生きかたをしている。だが同時に、意味の場は客観的に存在するからこそ、〈私〉は〈私〉だけの意味の場に閉じ込められているわけではない。フッサールが言ったように、モナドは窓を持つのである。つまり、意味の場は共有される。たとえば、全体主義という暴力に、自由で対等な個人が連帯する民主主義という制度が対抗できるのは、民主主義とそれに付随する諸概念の意味の場が広く共有されているからである。意味の場の複数性は、(ポストモダン的な)自由の絶対的解放と差異の運動を押し進めるために提起されているのではなく、異なる価値観や感受性を持つ人々が相互に連帯するための考え方なのだ。

たしかに意味の場の複数性はノマド的なものを想起させる。複数の意味の場を渡り歩く姿は、遊牧民の生活に似ているかもしれない。だが、ガブリエルは手放しで意味の場の複数性を称賛しているわけではない。そうではなく、私たちにはそれしかない、と言っているのである。世界全体は存在しない。実存の究極の根拠もない。複数の意味の場だけが存在する。そこから始めるしかないのだ、と。

ガブリエルの哲学は強い。陽気な怪物の哲学である。形而上学の問いは人間の根本問題であることを理解したうえでなお、私たちはぐっと腹を決めてその問いを断念しなければならない、と言うのだ。そのような形而上学的ジレンマに置かれた人間存在をアイロニカルに嘲笑するくらいのことができなければならない。世界という道は閉ざされた。ならば、どこから考え始めるのか。意味の場の存在論で最初からやりなおすしか道はないのである。

これまでの高さと広さにはこだわらず、どれだけの高さや広さが人間に必要なのかを試してみよう。それらはどういう場所で、どの程度必要なのか。それを考えなければならない。民主主義や基本的人権といった普遍的に共有される意味の場も存在するはずだし、芸術や宗教といった超越性を予感する意味の場も存在するだろう。それらの意味の場は人間の観念によって構築された幻想ではなく実在である。

最後に一つ考えるべきことがある。メランコリストは陽気な怪物になれるのか、ということだ。陽気な怪物は意味の場の複数性を肯定する。私たちの目の前には無数の意味の場だけが存在するという状況を、悲劇ではなく喜劇として楽しむだけの強さを持っている。だから、陽気な怪物は意味を享受できるのである。高さも広さもない場所で現実的に生きていくことはできるし、それだけでいいのだ。「それだけの選択肢しかないことがいけないのだろうか？」という最後の問いかけを、陽気な怪物は問題にしない――意味の場の複数性しかないということを受け入れ、それを楽しむだけの気力があるからだ。

だが、メランコリストは無条件にそうは思えない。「それだけのことだからいけないのだろうか？」と、どうしても最後に呟いてしまうのである。意味の場が無数にあることは理解できる。世界という超越が存在しないことも納得できる。「でも、何のために？」――どこにも決定的な「意味」が見当たらなくて困惑してしまう。何を見ても、誰と会っても、どこに行っても、欲望が動かない。理性はこう理解している。この意味の場がダメなら、別の意味の場があるはずで、今回の意味の場でうまくいかなかった対象も、次の意味の場では違って現われるはずだ、と。だが、そもそも情動が不活性だとすれば、意味を享受すること自体が困難になる。やっと手にした意味にもディスイリュージョンの予感がつきまとう。

そのとき、ガブリエルの提示する新しい実在論＝現実主義は、メランコリストの生きかたの一つの指針になりうる。そこで提示される基礎理論は、意味が増殖し続ける現代に生きる者の感覚にこそよく適合しているからだ。ガブリエルは『なぜ世界は存在しないのか』の「エンドロール」にこう書いている。

> 意味は、いわばわたしたちの運命にほかなりません。この運命は、わたしたち人間にだけでなく、まさに存在するいっさいのものに振りかかってくるのです。
>
> 人生の意味の問いにたいする答えは、意味それ自体のなかにあります。わたしたちが認識したり変化させたりすることのできる意味が、尽きることなく存在している——このこと自体が、すでに意味にほかなりません。ポイントをはっきりさせて言えば、人生の意味とは、生きるということにほかなりません。つまり、尽きることのない意味に取り組み続けるということです。（ガブリエル 二〇一八a、二九三頁）

「意味」は人間に課せられた運命であり、人生の意味とは尽きることのない意味に取り組み続けることにほかならない。したがって、ここで現実的に生きるとは二つの意味を持つ。(1)現実そのものを認識して生きていくことができるということ、(2)ありもしない無条件の「高さ」と「広さ」を求めるのはやめて、尽きることのない意味の場に取り組み続けること、である。その際には、意味の場の移動の一回性を楽しめるだけの強さを持ち、他の人々と連帯するためのユーモアと少しのアイロニーを持ち合わせるのが、陽気な怪物のエチケットになるだろう。

「でも、何のために？」こう問わなくなったとき、メランコリストは陽気な怪物として「意味」の只中で笑っていられるのかもしれない――。

エピローグ　メランコリストの冒険

私たちの「リアル」について

現代哲学の「実在論的転回」は、ポストモダン思想の終焉を告げるとともに、認識の可能性の条件の根本的な再考を要求している。現代実在論を含む「ポスト・ヒューマニティーズ」の哲学はいまだ生成の途上だが、その動機と功績は将来の哲学史の一ページに残るだろう。時代の課題を浮き彫りにすることも哲学の仕事だとすれば、それを自覚的に引き受けたのが現代実在論である。

現代の実在論者が論じる「物自体」、「理性」、「絶対性」、「必然性」、「事実」、「現実」などの概念は、文化や社会によって異なる認識の複数性を前提にしたうえでなお、その根底には誰にとっても動かしがたい条件と構造が存在することを示唆している。それを本書では「高さ」と「広さ」をめぐる問いとして考えてきた。繰り返しになるが、(1)高さへの挑戦、(2)広さへの挑戦、(3)高さと広さとは別の仕方で現実的に生きる可能性への挑戦——これらが現代実在論の挑戦である。

メイヤスーは「偶然性」の「絶対性」を思弁的理性の積極的洞察として考え、神の存在と正義のアポリアである「亡霊のジレンマ」を経て、「やがて来るべき神」の可能性を導出した。メイヤスーはカント以後の哲学を「相関主義」として批判したが、むしろそれを徹底することで理性への信頼を取り戻す道を選ぶ。《大いなる外部》という高さは偶然性の絶対性のうちに存在するのである。

ハーマンは「オブジェクト」を哲学する。それは人間にとって現われる「道具」ではなく、対象化の視線から自らを不断に退隠させる。しかしその内側への退隠は、人間とオブジェクトの関係だけではなく、およそ関係が生じるところすべてに見出される。机は〈私〉の認識から身を隠すが、パソコンに対しても同様なのだ。そうして「オブジェクト指向存在論」は物の超越を哲学のディスクールに取り戻す。

テイラーとドレイファスは新しい広さを提示する。最も本質的な課題は、「普遍性」が「抑圧の原理」に転化しない仕掛けをどう作り出すか、である。「実在論」を「多元主義」と組み合わせることで、彼らは「多様性」と「普遍性」を同時に承認する。「多元的実在論」の普遍性は開かれたままであり、それは絶えず検証される普遍性なのだ。

そして、ガブリエルの存在論は「意味の場」の「複数性」をその原理とする。ガブリエルは世界の非存在を主張するが、それが言わんとするのは、世界全体を説明する単一の世界像は存在しない、ということだ。高さと広さについての通俗的観念をいったんご破算にしてもなお、「陽気な怪物」はその状況を喜劇と見るだけの強さを持つ。尽きることのない意味に取り組み続けることが――それ以外に道はないという自覚が――現実的に生きることである。

私たちが考えてきたのは、つまるところ、現代の「リアル」とは何か、ということだ。「高さ」と「広さ」は幻想にすぎないのか。それらは「メランコリーの時代」でも見つけられるのか。もしそうだとすれば、どのような形態で存在する（しうる）のか。実在論は切実な実存論的問いを提起しているのである。

ここで「リアル」から三つの語感を取り出してみよう。

(1)「実在的」という意味での「リアル」。相対的「観念」で構築されているのではない、人間の認識から独立した「実在」が存在する。この意味での「リアル」は文字通り「観念論」に対する「実在論」の「リアル」になる。

(2)「現実的」という意味での「リアル」。「夢」や「虚構」ではなく、生きることの根拠になる「現実」は存在する。「現実」は万人に共有されるからこそ、私たちはそれに取り組むことができる。

(3)「真の」という意味での「リアル」。「嘘」や「偽り」ではない「真実」は存在する。英語の"true"に近い。科学の客観的な「真理」は存在するし、実存の内面的な「情理」も存在する。

現代の実在論は、これら三つの「リアル」を横断している。哲学的な力点としては、(1)の意味での「リアル」が最も前面に押し出されるが、それは同時に、(2)と(3)の意味での「リアル」を擁護することでもあるのは、これまで見てきた通りだ。科学、神、オブジェクト、文化、事実、意味の場……さまざまな主題でリアルが語られているが、本書のエピローグとして私が考えたいのは、「情動」のリアルである。

私は「情動」という言葉を心の動き一般を指示するために用いる。したがって、快-不快、不安や退屈などの気分、かなしみやせつなさなどの感情を含んだ、広い意味で考えてほしい。

何をしたいわけでもないが、何もしたくないわけでもない——これがメランコリストの心情であるなら、「意味の不在」は「情動の沈滞」と切り離すことができない。「意味の場」が無数にあることは（知的に）理解できるが、やりたいこと（欲望の対象）が見つからない。こうしたメランコリストの特殊な状況を明らかにして、ささやかな解決の糸口を見つけるためには、情動の本質を考察することが不可欠なのだ。

私の提案はこうである。世界の「意味」を探すのはいったんやめて、「情動」の音楽を聴いてみる。これは情動をめぐる「冒険」の始まりだ。私たちは欲望の在処を探すこと自体に欲望を向ける——「情動の Good Listener になること」から始まるメランコリストの冒険である。

國分功一郎『暇と退屈の倫理学』を考える

ニヒリズムとメランコリーを扱った論文や本は数多く存在するが、なかでも本書のモチーフと重なるのは、二〇一一年に出版された國分功一郎の『暇と退屈の倫理学』である。國分が提起した問題をひとことで言うと、こうなるだろう。暇を持て余して退屈する人間は、何かに没頭しようとしてもなんだかうまくいかない。そもそも余暇を手にした人間が、ほんとうにしたいことなどあるのだろうか。暇ができるのはよいことなのに、なぜ暇を手にした者は退屈に苦しむのか（猛烈サラリーマンの退職後の生活を想像してほしい）。

暇と退屈を哲学するためには、何よりもまず「暇」と「退屈」をきちんと区別する必要がある。國分によれば、「暇」は「何もすることのない、する必要のない時間」であり、「退屈」は「何かをしたいのにできないという感情や気分」である（國分 二〇一一、一〇〇頁以下）。すなわち、前者が自由に使える時間という客観的条件を意味するのに対して、後者は退屈を感じるという主観的状態を意味する。すると、暇と退屈の四つの組み合わせができる。

(1)暇があり、退屈している。
(2)暇があり、退屈していない。
(3)暇がなく、退屈している。
(4)暇がなく、退屈していない。

それぞれ具体的に考えてみよう。最も分かりやすいのは、(4)である。「貧乏暇なし」とはよく言ったものだが、年中労働していて余暇がほとんどない場合、自由に使える時間がそもそも存在しない。つまり、労働を余儀なくされるので、暇がないのである。退屈を感じる暇さえないと言ってもよい。休日があったとしても、その時間は次の労働のための休息として利用されるだろう。毎日忙しくしている人には、退屈の気分は生まれない。暇がなく、かつ退屈もしていないというのは、年中働いている労働者を想像すればよい。

(1)も理解できるだろう。特にやることがない大学生の一日を考えてみる。大学の授業に行ってもよいが、別に行かなくても単位は取れそうなので行かないことにする。かといって、特にやりたいこともないので、とりあえず午前中はゲームをして昼からは寝る。目が覚めるとすでに夕方すぎで、食事を作るのも面倒くさいから、近くの定食屋でビールを飲みながら生姜焼き定食を食べる。ほろ酔い気分で家に帰ってこう思う――「あぁ、なんか退屈だな」。このような一日は大学生でなくても経験するものだろう。急に予定が空いてしまって時間ができる。しかし、その時間を埋めるような気晴らしを思いつかない。そうした場合、私たちは暇を持て余し、退屈を感じているのだ。

では、暇があっても退屈していないというのはどういう状態だろうか。國分は暇を生きる術を持つ有閑階級を例にとって考えている。有閑階級でないとしても、自由な時間を退屈せずに過ごすノウハウを持っている人はいるだろう。それはひたすらYouTubeを見ることかもしれない。あるいは、猫と一緒に昼寝することかもしれない。読書をすることだって、充実した時間である。昔の貴族のように狩りに行ったりサロンに出かけたりはせずとも、何もする必要のない時間を有意義に過ごすことができれば、(2)の状態だと言える。

最後に、(3)の暇がないのに退屈している形式が残っている。これはどう考えればよいだろうか。一見すると、具体的状況を思い浮かべにくい。何らかのことに従事しつつ、退屈を感じている。自由な時間はないが、心には退屈な気分が生まれている。そんなことがあるのだろうか。

ところが、國分は暇がなく、かつ退屈している形式こそが最も身近な退屈だと言う。それは「気晴らしと区別のできない退屈である」(同書、二三〇頁)。(1)との違いで最も重要なのは、(1)の場合は暇が前提となって退屈が生まれるのに対して、(3)ではそもそも暇は意識されておらず、何らかの仕方で暇はつぶされている、という点である。しかし、そこで行われている気晴らしそのものが退屈と絡みあっている。退屈を紛らせるための暇つぶしが、実は退屈な暇つぶしだったということである。

たとえば、今夜は妻も子供も外食なので、久しぶりに近所の友人と飲みに行くとする。「飲みに行く」という予定が入っているのだから、何もすることのない時間ではない。友人とお酒を飲んで楽しく話す、たまにしかない気晴らしの時間だ。話し始めると、やはり楽しい。会話もそれなりに弾む。しかし、飲み会の途中で、ふとあまりノリきれていない、かといってシラケているわけでもない自分を見つける（浅田 一九八三から着想）。気晴らしが退屈と絡みあっているのだ。國分によれば、この形式は人間的生の本質に属している――「退屈と切り離せない生を生きる人間の姿そのものである」（國分 二〇一一、三〇五頁）。考えてみれば、たしかにそのような体験はよくある。

暇と退屈の倫理学に対する國分の結論は、〈人間であること〉を楽しむことと〈動物になること〉を待ち構えることに集約される（大きく言えば、前者は日常的な楽しみをより深く享受することであり、後者はある対象領域に没頭することである）。國分が示してみせたのは、暇と退屈を不可避の宿命として受け入れてなお、人間は人間の条件に対してどういう態度を取りうるのか、ということだ。人間的生は退屈と切り離せず、まずはそれを受け入れるしかない。だが、そこには二つの可能性がある。一つは、退屈を打ち消す劇的な高さに出会うことであり、無我夢中でその対象に没頭すること、すなわち動物化の可能性である。もう一つは、退屈の内部で退屈と向き合うための作法を学ぶことであり、生活のなかにあるマイルドな高さをより深く享受すること、すなわち人間であることを楽しむ可能性である。これら二つはメランコリストにとっても示唆に富んでいる。そこで、次に退屈の別の側面に光を当ててみよう。

倦怠とディスイリュージョンの予感

退屈には先の四つとは別の形式が存在する。それを「倦怠」と呼んでおこう。「倦怠」は私たちが日常的に感じる「暇」や「退屈」とは異質なものだが、私は倦怠に比べて四つの形式が非本来的な退屈だと言いたいわけではない。そうではなく、退屈の別の類型を描いてみたいのだ。結論から言おう。存在することそのものを気だるく感じること――これがもう一つの形式である。

暇と退屈の哲学者パスカルは、こう書いている。

倦怠。情念もなく、仕事もなく、気ばらしもなく、専心すべき営みもなしに、まったき休息のうちにあることほど、人間にとって耐えがたいことはない。彼はそのとき、自己の虚無、自己の遺棄、自己の不満、自己の依存、自己の無力、自己の空虚を感じる。(パスカル 一九七一、(下)九二頁)

一般に、人間には休息が必要であり、自由な時間を持つのはよいことだと思われている。だからこそ、労働時間は法で制限されており、労働者には有給休暇が与えられる(実態は異なるかもしれないが)。ところが、まったき休息は人間にとって耐えがたい、とパスカルは言う。やらなければならない仕事がなく、気ばらしの方法もないとき、時間をやり過ごすことは耐えがたいのだ、と。

それだけではない。パスカルは「自己の空虚を感じる」とまで言っている。そこには無為な時間だけが存在している。〈私〉にはやることがない。〈私〉は時間を消費することができない。〈私〉に与えられている時間は原理的に有限であるのに、〈私〉にできるのは時間が目の前を過ぎていくのをじっと待つことだけである。不眠をやり過ごしたあとには朝が来るが、生の退屈をやり過ごしたあとには「死」が大きな口をあけて待っているだけだとしたら……。

自己の存在を侵食する倦怠が進行すると、〈私〉が世界に存在することそのものが重たく感じられてくる。その重たい気分は生そのものへのディスイリュージョンに向かうことがある。ルーマニアの哲学者エミール・シオランはこう記す。

> 行動しているあいだ、私たちには一個の目標がある。だが、終ったとたんに行動は、追い求めた目標と同様、私たちにとってもはや実在性を欠くものとなってしまう。してみると、はじめからそこになんら実質的なものはなかったのだ。ただの遊戯だったのだ。だが、人間のなかには、行動している最中に、遊戯でしかないことを自覚する者がある。（シオラン 一九七六、一七―一八頁）

欲望に突き動かされて行動しているあいだは、私たちは目標を持って生きることができる。しかし、目標が実現されてしまうと、その目標を達成することは単なる遊戯だったのではないかと思われることがある。たしかに後になって振り返れば、そういうことはあるだろう。たとえば、燃え尽き症候群の散漫な思考がそれにあたる。

注目すべきは、行動している最中にしてすでに、それは実質のない空虚な遊戯にすぎない、とシオランが自覚していることだ。そういう人間は遊戯に熱中することができない。遊びの終わりのディスイリュージョンではなく、遊びの最中のディスイリュージョン。少なくとも遊んでいるあいだは、それが遊びにすぎないことを忘れていることが必要だが、遊んでいる最中にもそれが遊びでしかないことが分かっているなら、そこにはディスイリュージョンの影がある。

具体的なイメージをつかむために、一つ例を出そう。宇多田ヒカルの「traveling」である。「traveling」は金曜日の夜に感じるエロス的期待（＝イリュージョン）の歌だが、宇多田の歌声の響きからはディスイリュージョンのリリシズムが伝わってくる。宇多田は心にイリュージョンが立ち上がるまさにそのときに、ディスイリュージョンもまた不穏な予感としてついてまわるのを感じる。夜のエロスに誘惑されながら、宇多田の心にはすでに終わりの予感が立ちこめるが、宇多田はどちらかに蓋をしたりはしない。どちらも同じく彼女の「ほんとう」なのである——（ちなみに、宇多田の「COLORS」にはディスイリュージョンからのイリュージョンの予感を聴くことができる）。

メランコリストの「倦怠」に戻ろう。存在することそのものを気だるく感じる「気分」とは何だろうか。パスカルは倦怠を自己の空虚に結びつけたが、哲学者レヴィナスは倦怠を喚起する対象が自己自身である場合を次のように述べている。

> あらゆることがどうでもよくなるが、とりわけ自分のことがどうでもよい、といった倦怠感がある。そのとき気だるさを抱かせるのは、自分の生活のあれこれの一形態——自分の環境が月並みで精彩を欠くとか、まわりの人間が野卑で冷酷だとか——ではなく、その気だるさが実存そのも

のに向けられている。（レヴィナス二〇〇五、四五頁）

あらゆることがどうでもよいが、特に自分のことがどうでもよくなる。生活が単調でおもしろくない。周囲で繰り広げられる会話もつまらない。では、何か他のことがしたいのか。同じことが繰り返される日常から遠ざかることができれば、すべてはうまくいくのだろうか。そうとも言えない。そのとき、気だるさは自分の存在そのものに向けられている。存在することそのものに疲れているのだ。だが、これは存在が悪であると判断しているのではない。判断以前の段階で存在に倦むこと。理性で論理的に考えて、この存在は無意味なものだと判断しているわけではない（ニヒリズムはそうだった）。気分（情動）は、〈私〉が世界に――あるいは〈私〉自身に――どう向き合っているのかを告げるのであり、まさしく気だるさのなかに、存在することへの拒絶が示されるのだ。

メランコリストはいわれのない気だるさに悩むが、そこには存在することそのものに対する疲労感がないだろうか。労働による肉体的‐精神的消耗ではなく、同じことを惰性で繰り返すことで感じる徒労でもない、ただこの世界にあることに対する疲労――それは情動や欲望がなかなかやってこない、この「感応しない身体」にこそ深く関係している。

説明しよう。何をしたいわけでもないが、この感応しない身体を維持しなければならないという責務。はっきり言って、それは重荷でしかない。欲望が到来しない身体は道端の石ころと同じである。いや、石ころなら、ただ存在していればそれでよい。問題は、石ころと違って実存は実存そのものを気遣い、これからも何らかの仕方で実存を維持する義務がある、ということだ。そして、その義務が重荷なのである。

したがって、メランコリストが悩む倦怠、疲労、ディスイリュージョンの予感の正体は、感応しない身体を維持することの義務に関係している、と言えそうだ。ある対象が無意味（無価値）であるというのは、その対象に情動が反応しないということなのである。

情動という根拠

情動は生き生きとした現実性の根本条件の一つである。竹田青嗣は「現実性」の本質条件として次の三つを挙げている（竹田 二〇一七a、三五一頁）。

(1)つねに明確な「自己意識」を、したがって「関係意識」をともなっていること。言いかえれば、時間-空間的秩序の整合的一貫性とともに、つねに明瞭な対他的関係の状況性に対する自覚的把握をもっていること。
(2)知覚が捉えるさまざまな事物対象がつねに確定された「一般意味」として把持され、そこに定常的な情動性がともなわれていること。
(3)周囲世界の諸事物、諸事象が、持続的に時間的、空間的な整合性を維持しつつ存在していること。

注目すべきは、(2)の条件である。竹田は、「知覚」、「意味」、「情動」の三契機が「生き生きとした現実性」の本質条件だと述べている。逆に言えば、これら三つの契機のいずれかが欠落すると「生き生きとした現実性」が失われる、ということになる。たとえば、リンゴを見る場合、赤くて丸いリンゴの知覚像、「リンゴ」という意味、リンゴが喚起する情動（私はリンゴアレルギーなのでリンゴを見ると嫌な感じがする）の三つに分けて考えることができるが、これらの契機すべてがリンゴの現実性を支えているのだ。

情動が欠落した場合、対象を見て（＝知覚）、それが何であるか（＝意味）は認知できる。しかし、たとえば、それが快適なものなのか、慣れ親しんだものなのか、不安を喚起するものなのか、愛おしいものなのかはよく分からない。そのとき生じるのは、知的に理解していたとしても、現実感が失われる、という事態である。

メランコリストが意味の場の複数性を前にして困り果てるのは、単に意味の場が見つからないからではなく、情動が喚起される魅力的な意味の場が見当たらないからである。ひとことで言えば、意味の場に対峙してもエロス的力動が働かないということ、これが問題の本質なのだ。

静態的場面（いま、ここの場面）で知覚体験を反省すると、たいていの場合、知覚像が対象の意味をもたらし、次にその意味が情動を喚起する、という順序性を取り出すことができる（同書、三七〇頁）。ところが、意味と情動の関係の発生的本質では、この順序が反転する。まず、ある対象にエロス的情動を触発されるという体験がある。その体験が反復されるうちに、その対象を見ると一瞥でエロス的予期が働くようになる。そして、この予期的了解が対象の一義的な「意味」を形成する。つまり、発生的に考えるなら、意味が情動を喚起するのではなく、情動の反復が意味を作り出す。対象の

「意味」とは「期待‐不安」のエロス的体制にほかならないのだ。
したがって、情動を反復することができれば、新たな意味は作り出せる。ここで確認したいのは、すべての情動が――「憧れ」は失われているとしても――完全に消えてはいない、ということだ。たとえば、倦怠とディスイリュージョン――たしかによいものとは言えないが、それらもまた一つの「情動」（気分）ではある。

ここでは、ディスイリュージョンの予感について考えてみよう。対象に心が惹きつけられたときに、やがて訪れる幻滅を予期してしまう。しかし、そうだとしても、イリュージョンなしのディスイリュージョンはありえない、ということもまた疑いえない。満開の桜の木の情景のなかに散っていく桜の花の予感がすでに存在していたとしても、桜がなければそもそも何も起こりはしない。ならば、ディスイリュージョンの予感にさえ――それもまた一つの「情動」だとすれば――私たちは「意味」の手がかりを見つけられるかもしれない。それは〈私〉の身体性を構成し、〈私〉の世界への態度を告げ知らせる、動かしがたい〈私〉のリアルなのである。

さまざまな生のフェイズに、情動を聴く可能性は残されている。期待や憧れといったポジティブな情動だけが世界の意味を告げ知らせるわけではない。たとえば、「かなしみ」は対象を喪失するネガティブな体験だが、その対象を喪失してかなしいのは、その対象にポジティブな意味があったからである。かなしみをすすんで体験したい者などいないが、かなしいと（リアルに）感じているという事実は、すなわち、かなしみのリアリティは、対象の「意味」をさかのぼって指し示す、とも言える。すべての情動に意味の手がかりを見つけるのは難しいとしても、いくつかの情動には、〈私〉は世界にどう向き合っているか、そして〈私〉にとって世界の「意味」とは何かを理解するための手がかりが含まれているのだ（すぐ後に見る「エモさ」もその一つである）。

　だからこそ、それがポジティブなものかネガティブなものかにかかわらず、情動の奏でる音楽をよく聴き、〈私〉の身体に累積された情動のありようを確認することが重要になる。いや、メランコリストはそこから始めなければならないし、始めることしかできないはずだ。ひょっとすると、その先に憧れの対象となる「高さ」の可能性があるかもしれない。〈私〉の身体は何に対して感応するのか——これが第一の問いである。

　もちろん、次の瞬間にいかなる欲望に突き動かされるのかをあらかじめ知ることはできない。だから、欲望をめぐる探求はどうしても「冒険」的にならざるをえないだろう。それは世界の彼方の超越を夢見るのではなく、自らの内面に深く潜っていく冒険なのだけれども。

「エモさ」の本質

　現代の若者言葉に「エモさ」（「エモ」、「エモみ」、「エモい」）がある。端的に言えば、「エモさ」は「感動」（しばしば哀愁的な「せつなさ」や「なつかしさ」を含む）を意味するが、なぜ「感動した」と言わずに「エモい」と言うのだろうか。当初、私は「感動した」の代替表現として「エモい」が使用されると考えていたが、あるとき学生の一人にそのことを伝えると、「エモいは、エモいですよ」と言われてしまった。それから私は学生たちがどんなニュアンスで「エモい」を使用しているのかを注意深く聞くようになった。

私の仮説はこうだ。「エモさ」は過ぎ去ってしまった時間や場所に心がふと惹きつけられてしまうときに使われる言葉であり、「エモさ」を感じることは身体に溜まった人間的情動のありようを確認することでもある――。後日、同じ学生に私の仮説をメールで伝えると、「なんか、しっくりくる気がする笑」という返信を受け取った（この先生はなぜ「エモさ」にこだわるのか、とも思ったにちがいない）。「エモさ」の本質を考えてみよう。

まず、感動の体験を反省する。感動は、エロス的存在としての〈私〉が世界にどう向き合っているのかを告げ知らせる。私たちはふつう感動しようと思っても感動しない。感動するときは、いつも対象に否応なく突き動かされる。つまり、何かに感動してしまうという「自動性」――感動は論理以前に身体が世界に感応する体験だと言える。

その感応する身体のエロス的分節には、もともとの個人の性質やそれまでの経験が大きく関係するだろうが、ここで注目すべきは、そこに〈私〉が忘れてしまった記憶も沈殿していることだ。それは誰かに愛された記憶かもしれない。一人ぼっちのさみしさを我慢した記憶かもしれない。あるいはまた、この世界に生まれ落ちたときに、その存在を祝福されたことも刻まれているのだろうか。だから、〈私〉はときどき自分が感動していることに戸惑う。〈私〉のなかにまだこんなものがあったのか、と思いがけない情動の発露に困惑するのである。

新海誠監督の長編アニメーション映画『君の名は。』（二〇一六年）は、夢の跡の情動が残す「せつなさ」を描いている。主人公の瀧くんと三葉が夢から目覚めると、夢の名残が情動として心に残っている（目が覚めると涙がこぼれている）。ところが、その由来をいくら思い出そうとしても、夢の内実を思い出すことができない。情動はリアルに存在しているが、それは宙吊りにされていて、どこに（どの記憶に）つながっているのかは分からないのだ。

忘れてはならないものを忘れている気がする。しかし、瀧くんと三葉は「匿名の情動」を受けいれることしかできない。というのも、その情動が「夢の世界」からやってきたことは明らかであり、「現実の世界」でその由来を突き止めることはできないからだ。その体験は、忘れてしまうことのかなしみを教えると同時に、身体だけが覚えている「意味」を垣間見せるだろう。〈私〉のなかに残されたもの、いや他者が〈私〉に残してくれたものの痕跡が「匿名の情動」なのだ。

もちろん、いかなる体験が「匿名の情動」を構成するのかを厳密に実証することは不可能であり、特定の体験を実体化して、因果的かつ一面的にその情動を措定するのは背理である。しかし、にもかかわらず、ある情動の由来が不可知である場合、その情動をどう捉えるのかについては開かれている、ということが重要だ。

このアニメーション映画が現代の実存の深甚にまで届くのは、新海が心に残った「匿名の情動」を何らかの重大な帰結として受けとめているからではない。むしろ新海の想像力が時間的因果の彼方へと超えていき、名もなき情動の発露にシンクロニシティをめぐる冒険の始まりという性格を与えているからである。つまり、「匿名の情動」は知らず知らずのうちに溜まった感受性という意味では一つの「帰結」だが、それは同時に忘れてしまった記憶をもう一度了解するための「始まり」でもあるのだ。

『君の名は。』で表現された夢の跡の情動は、「エモさ」で感じられる情動のありかたによく似ている。「エモさ」はある意味では「夢の世界」から「現実の世界」に到来しており、それが心に与えられたとき、なぜ〈私〉は「エモさ」を感じているのだろうか、という暗黙の直感をともなう。思いがけず心が動いてしまうことに「戸惑い」を覚えることもあるだろう。このことに情動がまだ残っていたのか、と自らの情動のありようを了解し確認するという側面があるのだ。

そこには一定の距離感のようなものがある。何かのきっかけ（音楽、風景、卒業アルバム、学校祭のラストなど）で「エモさ」はやってくるが、情動が動いていることの理由は言葉にしがたい。単に感動しているのではなく、何に対して感動しているのか、さらには、どうして感動しているのかが最初ははっきりしない。頭ではそれはすでに過ぎ去ったものだと理解しているのに、身体がそこに惹きつけられている。「エモい」体験において、情動所与と情動了解のあいだには時間的隔たりがあるのだ。その隔たりを埋めるために選ばれる言葉が「エモい」なのではないだろうか（情動了解にまでいたらないことも多い）。

感動しているというより、感動させられているという「受動性」、そして、「エモさ」を通じて〈私〉に残っている情動のありようを了解し確認するという「情動確認」――これらが「エモさ」独自の構造を作り出している。「エモさ」とは「匿名の情動」がオートマティックに喚起されるときに選ばれる言葉だと言えそうだ。

だから、「エモさ」は「なつかしさ」を、しかも特定の記憶には結びつかない――もちろん、具体的な写真や音楽で「エモさ」は喚起されるとしても――名もなき「なつかしさ」の感覚をともなうとは考えられないだろうか。たとえば、学校祭のラストで「エモさ」を感じたとしても、それは学校祭が終わってしまうことを単に惜しんでいるのではない。それは、たくさん話した友達、恐い先輩、かわいがった後輩、真面目な先生、退屈な授業、毎日通った教室、必死で頑張った部活、窓から眺めた校庭、クリーム色の四角い校舎、暇だった放課後……といった学園生活全体の意味（意味喪失）が想起（予感）される体験なのである。

つまり、こうだ。そこで意識されているのは、エモさを喚起する対象と、心を動かされている〈私〉自身なのである。大切な「意味」がそこにはあったはずなのに、それを〈私〉は忘れかけている。しかし、〈私〉の身体はそれを覚えていて、情動がその意味の輪郭を再想起する。「エモさ」がある種のノスタルジアを含むとすれば、それは喪失の表現でもあるが、「エモさ」を感じるという原的な事実は、世界の「意味」が〈私〉のなかでまだ生きていることの傍証でもある。

注目すべきは、「マジ」、「やばい」、「卍」などの若者言葉と同様、「エモい」もまた汎用性が高い言葉だが、情動一般に適用されるわけではない、ということだ。生理的-肉体的快には「エモさ」を感じないし、不安や恐れを「エモさ」とは呼ばない。また、怒りや嫉妬も「エモさ」の対象にはならない。喜怒哀楽で言えば「哀」の感情。喪失の「やるせなさ」と、戻りたいけれど戻れない「せつなさ」を「表現」に昇華するのが「エモさ」なのである――それは人間的にして関係的な情動だ。「エモさ」によって、〈私〉は自分が完全なメランコリストでも動物でもないことを確認するのである。

もちろん、私は「エモさ」がすべての問題を解決するとは考えていない。だが、「エモさ」という言葉が――とりわけ若い世代にとって――一つの糸口になるという気はしている。若者が使用する「エモい」は軽薄な言語表現だと思われがちだが、そこには現代の実存感覚が反映されているのだ。

哲学にできることは何か

メイヤスーは神の到来を証明した。カント以後の哲学全体の批判から偶然性の絶対性を論証し、それがこれまでの神の不在とこれからの神の到来の可能性を支える。その過程に同意するか否かはさておき、メイヤスーは理性的思弁が「高さ」の次元を開示しうることを教える。つまり、そこに論理的‐哲学的な可能性がある、という洞察は、単に欲望の到来を待ち受けるだけではない、哲学的思考の持つ独自の力を表現しているのだ。要は、理性の論理が情動を呼び覚ます可能性、これである。

意味の場の存在論を主張するガブリエルからも、同じことを取り出せる。たとえば、世界は存在しない、と証明されることで、私たちはようやく世界全体を理解することの不可能性を受け入れる。世界が存在する可能性がまだどこかに残っているうちは、どうしても特定の世界像にしがみつきたくなるだろう。哲学的に論証されることで、特定の世界像を絶対化することの背理を知り、それまでぼんやりと抱いてきた生きがたさの正体がはっきりする。そのことで生の状況はむしろ悪化するかもしれない。というのも、ぼんやりとした生きがたさには曖昧な救済の可能性がついてまわるが、世界は存在しないことが明らかになることで、その可能性は完全に消え去るからである。

哲学の凄みはここからで、ではどう考えることができるか、という先の道筋を優れた哲学は示してみせる。世界は存在しないとしても、無数の意味の場は存在する。尽きることのない意味に取り組み続けるのが人間の義務であり、そのほかに道はないのだ、と。こう言われて、私たちは「不安の底」にやっと足がついたように感じる。漠然とした不安はさらなる不安の呼び水になるだけだが、人間の条件が明るみに出て、その与えられた場所で生きていかなければならない、と深く理解するとき、そこにはある種の断念と覚悟が生まれる。不安の底に足がついたとき、ようやく空を見上げることができるのである。自己を企投する新しい可能性は情動の秩序そのものを編みかえ始めるのだ。

デカルトは、およそ疑いうるものすべてを疑って、疑いえないものとしてのコギトの明証に突き当たった。カントは、アンチノミーの議論で形而上学に決定的な一撃を加えてもなお、普遍認識の可能性を手放さなかった。ニーチェは、無意味なものの永遠回帰を持ちこたえ、価値を何度でも創出する超人の理想を説いた。哲学は懐疑をぎりぎりまで追いつめることで、既存の価値体系をことごとく批判するが、そのことで不安の底を提示し、実存の新たな可能性を創出する。この道の先は行き止まりだ、ということが分からないと、人は別の道を模索する動機を持たない。

哲学の仕事は人間と社会の「可能性」を示すことだが、それはさまざまな可能性の「不可能性」を土台にしている。人間の根本条件とは何か、そして、「人間以後」の世界で「人間的なもの」はどこに向かうべきなのか——これを明らかにしないかぎり、哲学は任意の可能性を彷徨うことしかできないのだ。「不可能性」を徹底的に自覚した者だけが新しい「可能性」を手にするのなら、私たちの義務は現代実在論を越えて、さらなる一歩を踏み出すことだろう。

結語

情動にいつかの〈私〉が写りこんでいる。ところが、世界に気をとられて、情動に潜む自分自身の姿には気がつかない。それは、多くの場合、対象の側に情動の根拠を探してしまうからだ。たとえば、ある映画を見て感動した場合、「この映画は感動的だ」と言う。映画が感動させる条件を備えていて、その条件が〈私〉を感動させたのだ、と。たしかにこの考えは間違っていない。その作品の持つ力こそが情動を喚起する当のものだからだ。

しかし、私たちは情動をよく聴くことから始めよう。作品を見るだけでなく、情動のゆらめきそれ自体に耳をすませるのだ。〈私〉の身体に沈殿した何かが作品に反応している。情動の到来は、〈私〉が――多くの場合は他者と共に――世界にどう向き合ってきたのか、そして、これから世界にどう向き合いうるのかを告げ知らせている。

発生的観点から考えると、情動は他者との関係によって展開する（詳しくは、竹田二〇一七a、二〇一七bを参照）。はじめは母子関係を軸とするが、成長するにしたがって、さまざまな関係性に配慮することを覚え、その関係性が要求するものに答えることを通して、情動は分節される。人間ほど情動を複雑にした動物はいないが、その大きな理由は、人間が関係性に配慮しながら生きる動物だからである。だからこそ、これまでの関係性の痕跡が情動には残されている。

だとすれば、情動は決して制度化されてはいない。情動の秩序はつねに生成しており、それを編みかえることもできる。もちろん、それを一人でやろうと思っても、なかなかうまくいかない。〈私〉に到来した情動の発生的根拠を自己了解するところまでは可能でも、情動の秩序を編みかえるためには、新しい関係性のなかで情動のありかたそのものを試す必要があるからだ。たとえば、新しく結ばれた関係性を大切にする動機がある場合、それを台無しにする情動を編みかえる努力はすでに始まっている。

最後にこう言っておこう。高くもあり広くもあるのは他者である、と。他者との言語ゲームで間主観的な了解を創出できれば、そこには「広さ」が生まれる。他者は普遍性の可能性の条件なのだ。つまり、他者とは分かりあうことができる。が、他者は〈私〉を超越する存在でもある。他者の心は決して現前しない。夏目漱石の『行人』で兄さんは二郎に言う。「御前他《ひと》の心が解るかい」（夏目 一九五二、一二六頁）――〈私〉と他者のあいだには深い隔絶があるのだ。その隔たりは関係不安の源泉であるが、しかしもう一つの――〈私〉の観念では決して無化されえない――意味の源泉でもある。どれだけ自分に閉じこもっても、どれだけ倦怠を感じても、他者は〈私〉に話しかけてくる。別様であることの可能性を訴えてくる。つまり、他者はメランコリーの外部にいるのだ。

〈私〉もまた他者にとっての他者である以上、〈私〉には同じ可能性が属していることになるだろう。すなわち、他者のメランコリーの外部に立つ可能性である。残念ながら現段階では、その可能性がどの程度のものなのか、私には判断がつかないが、他者にとっての他者が〈私〉である、と考えるとき、そこに行為の主体性を問いなおす道はあるはずだ。

文献一覧

外国語文献

Bryant, Levi, Nick Srnicek, and Graham Harman 2011, "Towards a Speculative Philosophy", in Levi Bryant, Nick Srnicek, and Graham Harman (eds.), *The Speculative Turn: Continental Materialism and Realism*, Melbourne: re.press, pp. 1-18.

Ferraris, Maurizio 2014, *Manifesto of New Realism*, translated by Sarah De Sanctis, Albany: State University of New York Press.

Gabriel, Markus 2015, *Fields of Sense: A New Realist Ontology*, Edinburgh: Edinburgh University Press.

—— 2017, *I am Not a Brain: Philosophy of Mind for the 21st Century*, translated by Christopher Turner, Cambridge: Polity Press.（マルクス・ガブリエル『「私」は脳ではない――21世紀のための精神の哲学』姫田多佳子訳、講談社（講談社選書メチエ）、二〇一九年）

Gabriel, Markus (hrsg.) 2014, *Der Neue Realismus*, Berlin: Suhrkamp.

Harman, Graham 2010, *Towards Speculative Realism: Essays and Lectures*, Winchester: Zero Books.

—— 2011a, *Quentin Meillassoux: Philosophy in the Making*, Edinburgh: Edinburgh University Press.

—— 2011b, "The Road to Objects", *continent.*, 1.3: 171-179.（グレアム・ハーマン「オブジェクトへの道」飯盛元章訳、『現代思想』二〇一八年一月号）

—— 2013, "The Current State of Speculative Realism", *Speculations*, 4: 22-28.

Kirk, G. S., J. E. Raven, and M. Schofield 1983, *The Presocratic Philosophers: A Critical History with a Selection of Texts*, 2nd ed., Cambridge / New York: Cambridge University Press.（G・S・カーク＋J・E・レイヴン＋M・スコフィールド『ソクラテス以前の哲学者たち』内山勝利・木原志乃・國方栄二・三浦要・丸橋裕訳、京都大学学術出版会、二〇〇六年）

邦訳文献

ウィトゲンシュタイン、ルートヴィヒ 二〇〇三『論理哲学論考』野矢茂樹訳、岩波書店（岩波文庫）。

ガーゲン、ケネス・J 二〇〇四『あなたへの社会構成主義』東村知子訳、ナカニシヤ出版。

ガブリエル、マルクス 二〇一六「中立的な実在論」斎藤幸平訳、『現代思想』二〇一六年一月号。

―― 二〇一八a『なぜ世界は存在しないのか』清水一浩訳、講談社（講談社選書メチエ）。

―― 二〇一八b「非自然主義的実在論のために」斎藤幸平・岡崎龍訳、『現代思想』二〇一八年一月号。

カント、イマヌエル 一九六一―六二『純粋理性批判』（全三冊）、篠田英雄訳、岩波書店（岩波文庫）。

―― 一九七九『実践理性批判』（改訳）、波多野精一・宮本和吉・篠田英雄訳、岩波書店（岩波文庫）。

キルケゴール、セーレン 一九五七『死に至る病』（改版）、斎藤信治訳、岩波書店（岩波文庫）。

クリプキ、ソール・A 一九八五『名指しと必然性――様相の形而上学と心身問題』八木沢敬・野家啓一訳、産業図書。

クワイン、W・V・O 一九九二『論理的観点から――論理と哲学をめぐる九章』飯田隆訳、勁草書房（双書プロブレーマタ）。

コント、オーギュスト 一九八〇『実証精神論』霧生和夫訳、清水幾太郎責任編集『コント　スペンサー』（「世界の名著」46）、中央公論社（中公バックス）。

サイード、エドワード・W 一九九三『オリエンタリズム』（全二冊）、今沢紀子訳、平凡社（平凡社ライブラリー）。

サルトル、ジャン＝ポール 一九九四『嘔吐』（改訳新装）、白井浩司訳、人文書院。

シェーラー、マックス 一九七八「現象学と認識論」小林靖昌訳、『シェーラー著作集』第一五巻、白水社。

シオラン、E・M 一九七六『生誕の災厄』出口裕弘訳、紀伊國屋書店。

チャーチランド、パトリシア・S 二〇一三『脳がつくる倫理――科学と哲学から道徳の起源にせまる』信原幸弘・樫則章・植原亮訳、化学同人。

チャーチランド、ポール・M 一九八六『心の可塑性と実在論』村上陽一郎・信原幸弘・小林傳司訳、紀伊國屋書店。

ツルゲーネフ、イワン 一九九八『父と子』工藤精一郎訳、新潮社（新潮文庫）。

デカルト、ルネ 二〇〇六『省察』山田弘明訳、筑摩書房（ちくま学芸文庫）。

デュルケム、エミール 一九七五『宗教生活の原初形態』（改訳）（全二冊）、古野清人訳、岩波書店（岩波文庫）。

トルストイ、レフ 一九六一『懺悔』（改版）、原久一郎訳、岩波書店（岩波文庫）。

ドレイファス、ヒューバート・L 一九九二『コンピュータには何ができないか――哲学的人工知能批判』黒崎政男・村若修訳、産業図書。

ドレイファス、ヒューバート・L＋チャールズ・テイラー 二〇一六『実在論を立て直す』村田純一監訳、染谷昌義・植村玄輝・宮原克典訳、法政大学出版局（叢書・ウニベルシタス）。

ニーチェ、フリードリヒ 一九九三『権力への意志』（全二冊）、原佑訳、『ニーチェ全集』第一二―一三巻、筑摩書房（ちくま学芸文庫）。

ハイデガー（ハイデッガー）、マルティン 一九八〇『存在と時間』原佑・渡辺二郎訳、原佑責任編集『ハイデガー』（「世界の名著」74）、中央公論社（中公バックス）。

——一九九四『形而上学入門』川原栄峰訳、平凡社（平凡社ライブラリー）。

パスカル、ブレーズ 一九七一『パンセ』（全二冊）、松浪信三郎訳、講談社（講談社文庫）。

パトナム、ヒラリー 一九九四『理性・真理・歴史——内在的実在論の展開』野本和幸・中川大・三上勝生・金子洋之訳、法政大学出版局（叢書・ウニベルシタス）。

ハーマン、グレアム 二〇一七『四方対象——オブジェクト指向存在論入門』岡嶋隆佑監訳、山下智弘・鈴木優花・石井雅巳訳、人文書院。

ヒューム、デイヴィッド 二〇一〇『人性論』土岐邦夫・小西嘉四郎訳、中央公論新社（中公クラシックス）。

ファン・ヘネップ、アルノルト 二〇一二『通過儀礼』綾部恒雄・綾部裕子訳、岩波書店（岩波文庫）。

フッサール、エトムント 一九七九—八四『イデーンI』（全二冊）、渡辺二郎訳、みすず書房。

——一九九五『ヨーロッパ諸学の危機と超越論的現象学』細谷恒夫・木田元訳、中央公論社（中公文庫）。

——二〇〇一『デカルト的省察』浜渦辰二訳、岩波書店（岩波文庫）。

ブラシエ、レイ 二〇一五「絶滅の真理」星野太訳、『現代思想』二〇一五年九月号、五〇—七八頁。

ヘーゲル、G・W・F 二〇〇〇『法哲学講義』長谷川宏訳、作品社。

ムーア、G・E 一九六〇『観念論の論駁』國嶋一則訳、勁草書房。

メイヤスー、カンタン 二〇一六『有限性の後で——偶然性の必然性についての試論』千葉雅也・大橋完太郎・星野太訳、人文書院。

——二〇一八『亡霊のジレンマ——思弁的唯物論の展開』岡嶋隆佑・熊谷謙介・黒木萬代・神保夏子訳、青土社。

ユクスキュル、ヤーコプ・フォン 二〇一二『生命の劇場』入江重吉・寺井俊正訳、講談社（講談社学術文庫）。

ラトゥール、ブリュノ 二〇一七『近代の〈物神事実〉崇拝について――ならびに「聖像衝突」』荒金直人訳、以文社。

リオタール、ジャン＝フランソワ 一九八六『ポスト・モダンの条件――知・社会・言語ゲーム』小林康夫訳、書肆風の薔薇（叢書言語の政治）。

レヴィナス、エマニュエル 二〇〇五『実存から実存者へ』西谷修訳、筑摩書房（ちくま学芸文庫）。

ロック、ジョン 一九八〇『人間知性論』大槻春彦訳、大槻春彦責任編集『ロック ヒューム』（「世界の名著」32）、中央公論社（中公バックス）。

ローティ、リチャード 一九九三『哲学と自然の鏡』野家啓一監訳、伊藤春樹・須藤訓任・野家伸也・柴田正良訳、産業図書。

―― 二〇〇二『リベラル・ユートピアという希望』須藤訓任・渡辺啓真訳、岩波書店。

日本語文献

浅田彰 一九八三『構造と力――記号論を超えて』勁草書房。
岩内章太郎 二〇一九「思弁的実在論の誤謬――フッサール現象学は信仰主義か？」、『フッサール研究』第一六号（二〇一九年三月）、一―一八頁。
植村玄輝 二〇〇九「フッサールのノエマとインガルデンの純粋志向的対象――志向性理論から世界の存在をめぐる論争へ」、『フッサール研究』第七号（二〇〇九年三月）、四―一四頁。
梶井基次郎 一九六七『檸檬』新潮社（新潮文庫）。

嘉山優 二〇一八「他者以前のレヴィナス――〈ある〉に抵抗する日常」、『本質学研究』第五号（二〇一八年二月）、一八―四〇頁。
國分功一郎 二〇一一『暇と退屈の倫理学』朝日出版社。
篠原雅武 二〇一八『人新世の哲学――思弁的実在論以後の「人間の条件」』人文書院。
竹田青嗣 二〇一七a『欲望論』第一巻「「意味」の原理論」講談社。
―― 二〇一七b『欲望論』第二巻「「価値」の原理論」講談社。
谷徹 一九九八『意識の自然――現象学の可能性を拓く』勁草書房。
丹治信春 二〇〇九『クワイン――ホーリズムの哲学』平凡社（平凡社ライブラリー）。
千葉雅也 二〇一八a『思弁的実在論と現代について――千葉雅也対談集』青土社。
―― 二〇一八b「ラディカルな有限性――思弁的実在論の一〇年とその後」、『現代思想』二〇一八年一月号、九八―一一一頁。
戸田山和久 二〇一五『科学的実在論を擁護する』名古屋大学出版会。
夏目漱石 一九五二『行人』新潮社（新潮文庫）。
西垣通 二〇一八『AI原論――神の支配と人間の自由』講談社（講談社選書メチエ）。
野家啓一 二〇一三『科学の解釈学』講談社（講談社学術文庫）。
野矢茂樹 二〇〇六『ウィトゲンシュタイン『論理哲学論考』を読む』筑摩書房（ちくま学芸文庫）。
丸山俊一・NHK「欲望の時代の哲学」制作班 二〇一八『マルクス・ガブリエル 欲望の時代を哲学する』NHK出版（NHK出版新書）。
村上陽一郎 一九八六『近代科学を超えて』講談社（講談社学術文庫）。
森一郎 二〇〇八『死と誕生――ハイデガー・九鬼周造・アーレント』東京大学出版会（東京女子大学学会研究叢

書）。

渡辺二郎 一九七五『ニヒリズム――内面性の現象学』東京大学出版会（ＵＰ選書）。

音楽作品・映像作品

宇多田ヒカル「traveling」東芝ＥＭＩ、二〇〇一年。

押井守監督『スカイ・クロラ』ワーナー・ブラザース映画、二〇〇八年。　＊原作は、森博嗣「スカイ・クロラ」シリーズ（全六冊）、中央公論新社（中公文庫）、二〇〇四―〇九年。

新海誠監督『君の名は。』コミックス・ウェーブ・フィルム、二〇一六年。

あとがき

はじめて哲学に触れたのは、中学生のときである。父の本棚にあった『存在と時間』の数ページに目を走らせたが、ほとんど意味は分からなかったのを覚えている。だが同時に、ハイデガーの晦渋な文章は、一生のうちで一度は真剣に取り組むべき問題に向き合っている、という印象を私に残した。

それ以来、紆余曲折はありながらも、哲学を続けている。いまなら、さまざまな常套句で哲学の意義を説くこともできるが、私自身について言えば、やはり哲学が好きなのだ、と思う。哲学的な問題を考えることには、他にはない魅力がある。ニーチェにならって、それを「真理への意志」とでも言っておこうか。

哲学の力を借りなくても、人は考えることができるが、哲学は、誰もがこう考えざるをえないはずだ、という独自の理路を示してみせる。それが哲学のテンションである。哲学の言語ゲームは、異なる考えを持つ者がいるからこそ成立するが、世の中には複数の考えがあることを承認するだけでは「哲学」とは呼べない。多くの意見があるという状況は肯定しつつ、それでもそこに一つの「原理」を置いてみること。他の人の考えをよく聞いたうえで、意を尽くして自分の言い分を説明してみること。哲学とは、そういう緊張関係のなかでこそ成立する営みだ。だからこそ、「普遍性」はその内側に健全な「懐疑」を含んだとき、ほんとうの意味で誰かに届く言葉になるのだろう。

私が現代実在論を知ったのは、フッサール現象学についての博士論文を執筆している最中だった。思弁的実在論の論客トム・スパロウが『現象学の終焉』という本を出したのがきっかけである。当初、私はスパロウの論が現象学批判としては的を外していると考え、「思弁的実在論の誤謬」（『フッサール研究』）という論文にまとめたが、と同時に、そこには独自の解放感があるとも感じていた。その解放感の本質を辿っていくと、自分自身の、そして現代の実存感覚にぶつかった。それが本書の根本モチーフである。

これは私のはじめての著作である。多くの人に助けられた。まず、竹田青嗣先生に深く感謝する。竹田先生には、早稲田大学国際教養学部の基礎演習から、その約一二年後、同大学大学院国際コミュニケーション研究科に提出した博士論文の審査にいたるまで、哲学を教わった。一度は故郷の札幌に帰ったりもした出来の悪い弟子だったが、辛抱強く私の指導を続けてくださった。竹田先生との出会いがなければ、哲学を続けることはできなかっただろう。竹田ゼミの哲学仲間にも支えられた。嘉山優さんは本書の一部を読み、率直かつ有益なコメントをくれた。

現代の実存感覚について、学生と対話するのは楽しかった。早稲田大学、東京家政大学、大正大学、東京理科大学の講義と演習では、たくさんのコメントと質問をもらった。特に、小泉杏夢さんと大濵美月さんとは「エモさ」の本質を議論した。一緒に考えてくれてありがとう。

講談社の互盛央さんとは、博士課程在学中にお会いした。互さんはソシュール研究で大きな仕事をされた気鋭の研究者でもあり、本を作る仕事に情熱を注ぐ編集者でもある。私が博士論文で悩んでいるときにも、「書く人間と書かない人間がいるだけだ」と叱咤激励の言葉をかけてくださり、その言葉を何度も反芻しながら、なんとか博士論文を完成させた。今回、互さんと本書を作ることが決まったとき、胸を借りるつもりで頑張ろうと思った。何度も挫けそうになったが、そのたびに的確なアドバイスをいただいた。心から感謝申し上げます。

最後に、家族に感謝を伝えたい。静かに見守ってくれた両親、苦しいことも笑いに変えてくれた弟夫妻、あたたかく迎えてくれた義父母、いつも隣で寝ていた猫のシェーラー。そして、風変わりな夫のそばにいてくれる妻の夏子に。

二〇一九年八月

岩内章太郎

岩内章太郎（いわうち・しょうたろう）

一九八七年生まれ。早稲田大学国際教養学部卒業。同大学大学院国際コミュニケーション研究科博士後期課程修了。博士（国際コミュニケーション学）。早稲田大学国際教養学部助手を経て、現在、早稲田大学、東京家政大学、大正大学ほか非常勤講師。専門は、哲学。

主な論文に、「思弁的実在論の誤謬」（『フッサール研究』第一六号）、「判断保留と哲学者の実践」（『交域する哲学』月曜社）など。

新《あたら》しい哲《てつ》学《がく》の教《きょう》科《か》書《しょ》

現《げん》代《だい》実《じつ》在《ざい》論《ろん》入《にゅう》門《もん》

二〇一九年一〇月一〇日　第一刷発行
二〇二〇年　六月二四日　第四刷発行

著者　岩《いわ》内《うち》章《しょう》太《た》郎《ろう》

発行者　渡瀬昌彦
発行所　株式会社　講談社
東京都文京区音羽二丁目一二―二一　〒一一二―八〇〇一
電話（編集）〇三―三九四五―四九六三
（販売）〇三―五三九五―四四一五
（業務）〇三―五三九五―三六一五

装幀者　奥定泰之
本文印刷　株式会社　新藤慶昌堂
カバー・表紙印刷　半七写真印刷工業株式会社
製本所　大口製本印刷株式会社

定価はカバーに表示してあります。
落丁本・乱丁本は購入書店名を明記のうえ、小社業務あてにお送りください。送料小社負担にてお取り替えいたします。なお、この本についてのお問い合わせは、「選書メチエ」あてにお願いいたします。

ISBN978-4-06-517394-7　Printed in Japan
N.D.C.101　285p　19cm

講談社選書メチエの再出発に際して

講談社選書メチエの創刊は冷戦終結後まもない一九九四年のことである。長く続いた東西対立の終わりはついに世界に平和をもたらすかに思われたが、その期待はすぐに裏切られた。超大国による新たな戦争、吹き荒れる民族主義の嵐……世界は向かうべき道を見失った。そのような時代の中で、書物のもたらす知識が一人一人の指針となることを願って、本選書は刊行された。

それから二五年、世界はさらに大きく変わった。特に知識をめぐる環境は世界史的な変化をこうむったとすら言える。インターネットによる情報化革命は、知識の徹底的な民主化を推し進めた。誰もがどこでも自由に知識を入手でき、自由に知識を発信できる。それは、冷戦終結後に抱いた期待を裏切られた私たちのもとに差した一条の光明でもあった。

その光明は今も消え去ってはいない。しかし、私たちは同時に、知識の民主化が知識の失墜をも生み出すという逆説を生きている。堅く揺るぎない知識も消費されるだけの不確かな情報に埋もれることを余儀なくされ、不確かな情報が人々の憎悪をかき立てる時代が今、訪れている。

この不確かな時代、不確かさが憎悪を生み出す時代にあって必要なのは、一人一人が堅く揺るぎない知識を得、生きていくための道標を得ることである。

フランス語の「メチエ」という言葉は、人が生きていくために必要とする職、経験によって身につけられる技術を意味する。選書メチエは、読者が磨き上げられた経験のもとに紡ぎ出される思索に触れ、生きるための技術と知識を手に入れる機会を提供することを目指している。万人にそのような機会が提供されたとき初めて、知識は真に民主化され、憎悪を乗り越える平和への道が拓けると私たちは固く信ずる。

この宣言をもって、講談社選書メチエ再出発の辞とするものである。

二〇一九年二月　　野間省伸